決算書
100の
基本

高辻成彦
Naruhiko Takatsuji

東洋経済新報社

はじめに

　世の中には、決算書を読むための財務分析の本はたくさんあります。しかし、いざ本を開くと、「財務分析はとても難しい。ついて行けない」と感じたという読者も多いのではないでしょうか。

　筆者は国内のビジネススクールの卒業生ですが、大学の講義でテキストに指定されていたのは、けっこうな分厚い本でした。在学当時は、とても難解に感じました。というのも、財務指標がたくさんありすぎて、端的にどこを押さえればよいのかがわからなかったからです。

　決算書は、ポイントを押さえて効率よく読むものです。財務分析には、押さえておくべき基本事項があります。本書では、筆者が経験を通じて得たポイントを読者のみなさんにお伝えしたいと思います。社会人になって間もない方も多いと思いますので、読み手に会計知識がないことを念頭に置いています。

◆決算書が読めれば会社が置かれた状況がわかる

　決算書を読むと、その会社の置かれた状況がみえてきます。どれだけ稼げる会社なのか、経営は安定しているのか、会社の将来性はどうなのか。

　同じ会社の決算書を継続的に読めば、その会社の状況変化を掴むことができます。これを時系列分析と呼びます。

　財務分析の基本をマスターし、決算書を読みこなせるようになると、世の中が俄然、面白くなります。

　自分の力で調べれば、その会社がどのような状況に置かれて

いるかがしっかりと把握できます。競合他社の決算書も読んでみれば、業界全体が置かれた状況もみえてきます。業界全体の状況からは、世の中の景況感も伝わってきます。

◆リサーチスキルも身につけよう

　財務分析を学ぶなら、リサーチスキルも身につけると便利です。リサーチスキルとは、調べ方の基本です。

　公開された情報をもとに調べることをビジネスリサーチといいます。本書では第9章で決算情報の調べ方を取り上げています。ただし、本書は読者のみなさんが決算書をご自身で読めるようになることを狙いとしているため、リサーチの詳細は筆者の『アナリストが教える リサーチの教科書　自分でできる情報収集・分析の基本』（ダイヤモンド社）に譲ります。

　本書は、決算書の基本を100項目挙げています。読者のみなさんが読みながら苦手意識を感じにくいよう、1項目ずつ論点を絞るよう配慮しました。実際に発表された決算をもとに財務分析を試みた「ケース」や、報道によく出てくる「ニュース用語」の解説も織り交ぜて、決算書からわかることをできるだけイメージできるように心がけています。

　なお、本書に書かれている内容は公開情報をベースにしたものであり、筆者個人の見解です。所属会社とは一切、無関係であることを申し添えます。また、一部の理論・説明については、見解の相違がありうることをご理解ください。

2019年8月

高辻　成彦

決算書100の基本
目次

はじめに …………………………………………………… 1

財務三表の基本を知ろう

001	重要なのは財務三表 …………………………………… 12
002	損益計算書（P/L）は一定期間の営業成績 ………… 14
003	貸借対照表（B/S）は一定時点の財政状態 ………… 16
004	キャッシュ・フロー計算書（C/F）は一定期間のお金の流れ …… 18
005	簿記は財務三表の大もと ……………………………… 20
006	利益とキャッシュはどう違うのか …………………… 22
007	前年同期比と前四半期比の違いは？ ………………… 24

第2章 損益計算書（P/L）は営業成績を表す

| 008 | 企業は3つの収益から資金を獲得 …………………… 28 |
| 009 | 売上高は本業で稼いだおカネ ………………………… 31 |

- 010 ニュース用語 01 米中貿易摩擦
  日本企業の売上高にも影響大 ……………………… 34
- 011 ケース 01 日本電産 米中貿易摩擦で下方修正 ……………………… 36
- 012 企業活動は4つの費用で資金が流出 ……………………… 38
- 013 売上原価はモノやサービスを提供するための直接経費 …… 40
- 014 ケース 02 日本マクドナルドHD
  業績回復の陰に不採算店舗の閉鎖 ……………………… 44
- 015 販売管理費は
  モノやサービスを提供するための間接経費 ……………… 46
- 016 ニュース用語 02 働き方改革
  就業管理が強化されるも人件費が増加 ………………… 48
- 017 ケース 03 吉野家HD
  人手不足による人件費増加で最終赤字に ……………… 50
- 018 5段階の利益で儲けを評価する ……………………… 52

第3章 損益計算書（P/L）にある5つの利益を解読

- 019 売上総利益は利益拡大策の出発点 ……………………… 58
- 020 ケース 04 ヤマトHD
  値上げ政策の浸透で粗利率が改善 ……………………… 60
- 021 営業利益は本業で稼いだ利益 ……………………… 62
- 022 ケース 05 コマツ
  売上増が寄与した好決算 ……………………… 65
- 023 経常利益は本業以外の稼ぎを加えた利益 ……………… 67
- 024 子会社と持分法適用会社との違いは？ ………………… 69

025 ケース06 川崎汽船
海運大手3社共同設立のONEの持分法投資損失が拡大 …… 72

026 当期純利益はすべての費用を差し引いた最終的な利益 … 74

027 ニュース用語03 災害
事業環境が一変するリスクも …………………………………… 76

028 ケース07 JR西日本
西日本豪雨で損失計上 ……………………………………………… 78

029 受注高と受注残高から業績の先行きがわかる ……………… 80

030 ケース08 ファナック
受注動向の変化から今後の業績を予測 ………………………… 82

第4章 貸借対照表（B/S）の左側は「おカネをどう使ったか」

031 資産の部は3つの項目から構成 ………………………………… 86

032 流動資産は1年以内に現金化・費用化ができるもの …… 88

033 貸倒引当金は回収不能リスクに備えた見積もり …………… 90

034 棚卸資産の7つの評価方法 ……………………………………… 92

コラム1 棚卸資産はどこに出ているのか …………………………… 95

035 流動比率、当座比率は
短期の支払能力をみる安全性指標 …………………………… 96

036 売上債権回転率は債権回収状況を、
棚卸資産回転率は在庫状況をみる …………………………… 98

037 ケース09 タカタ
当座比率に倒産の兆候が出ていた ……………………………… 100

- 038 ニュース用語 04 倒産
  法的整理、私的整理、銀行取引停止処分に大別 ……… 102

- 039 固定資産と繰延資産 ……… 104

- 040 減価償却の２方法 定額法と定率法 ……… 106

- 041 ケース 10 西尾レントオール
  償却方法を定額法に変更し増益転換 ……… 108

- 042 ニュース用語 05 不適切会計
  財務分析で東芝の真の姿がわかる ……… 110

第5章 貸借対照表（B/S）の右側は「おカネをどう調達したか」

- 043 負債の部は他人資本、純資産の部は自己資本 ……… 114

- 044 流動負債は返済義務が１年以内の負債 ……… 116

- 045 固定負債は返済義務が１年超の負債、
  安全性分析に関連 ……… 118

- 046 純資産の部は返済義務のない資本 ……… 120

- 047 自己資本、負債性引当金 ……… 122

- 048 自己資本比率→高い、負債比率→低い、が安全 ……… 124

- コラム２ 有利子負債はどこに出ているのか ……… 127

- 049 総資産回転率は効率性分析の代表格 ……… 128

- 050 ケース 11 東洋エンジニアリング
  財務指標が示す厳しい状況 ……… 130

- 051 ケース 12 武田薬品工業
  過去最大6.8兆円規模買収で財務状況は ……… 132

- 052 ROEは株主の、ROAは全体の資本収益性をみる ……… 134
- 053 ROEの3分解　デュポンシステム ……… 136
- 054 ニュース用語 06 ROE経営
  「伊藤レポート」で注目された資本効率重視の経営 ……… 138
- 055 ケース 13 ソフトバンクグループ
  積極投資企業のROEはどれくらい？ ……… 140

第6章 キャッシュ・フロー計算書（C/F）でおカネの動きがわかる

- 056 C/Fは3つの項目に分かれる ……… 144
- 057 C/Fは現金及び現金同等物の動きの要因分解 ……… 146
- 058 営業活動によるCFは本業で得たキャッシュ ……… 148
- 059 投資活動によるCFは投資活動で得たキャッシュ ……… 150
- 060 財務活動によるCFは資金調達で得たキャッシュ ……… 152
- 061 営業CFとフリーCFで資金余力を確認 ……… 154
- コラム3 運転資本を詳しく知ろう ……… 157
- 062 ニュース用語 07 キャッシュ・フロー経営
  キャッシュ重視で黒字倒産を回避 ……… 158
- 063 ケース 14 大塚家具
  無借金経営のフリーCFは？ ……… 160
- 064 ROIは個別案件の投資利益率をみる ……… 162
- 065 ニュース用語 08 ROIC経営
  株主と債権者にとっての投下資本効率 ……… 164

第7章 財務分析のさまざまな方法

- 066 財務分析の5つの体系 ……………………………… 168
- 067 生産性分析は付加価値で計算する ………………… 170
- 068 ケース15 LINE
  成長性分析の結果は? ……………………………… 172
- 069 為替変動はどのように影響するのか ……………… 174
- 070 ケース16 キヤノン
  為替感応度で為替影響額がわかる ………………… 176
- 071 CVP分析は業績予想の際のツール ………………… 178
- 072 変動費率の求め方 …………………………………… 180
- 073 ニュース用語09 財務会計、管理会計、税務会計
  目的や報告対象者が異なる ………………………… 182
- 074 ニュース用語10 IR
  上場企業の情報開示を司る役割 …………………… 184
- 075 セグメント分析は業績の要因分析に便利 ………… 186
- 076 ケース17 ユーザベース
  セグメント分析でみる業績拡大要因 ……………… 188
- 077 ケース18 ソニー
  競合比較分析でみる業績復活 ……………………… 190
- 078 内外の会計基準の違い 継続事業とのれん償却費 …… 192
- 079 ニュース用語11 M&A
  株式取得、合併など取引形態はさまざま ………… 194
- 080 ケース19 三菱ロジスネクスト
  ユニキャリア買収によるシナジー効果は? ……… 196

第8章 株式指標分析はPER、PBRが基本指標

- 081 株主価値＝時価総額 …………………………… 200
- コラム4 売上規模と時価総額は比例しない …………… 203
- 082 PERは純利益から、PBRは自己資本から求める …… 204
- 083 PSRは売上高、PCFRはCFをもとにした指標 …… 206
- 084 配当利回りと配当性向 …………………………… 208
- 085 会社計画、市場コンセンサス予想、会社四季報予想の違い …………………………… 210
- 086 知っておきたい株式分割と株式併合 …………… 212
- 087 ケース20 トラスコ中山
  類似他社と株式指標を比較 …………………… 214
- 088 ケース21 新明和工業
  旧村上ファンド出資後に株主還元策を実施 …… 216
- 089 ニュース用語12 2つのコード
  機関投資家と上場企業が守るべき行動規範 …… 218
- 090 ニュース用語13 フェア・ディスクロージャー・ルール
  情報開示の公平性を法制化 …………………… 220

第9章 決算情報や補足情報を収集する

- 091 情報収集に便利な4つのサイト …………………… 224

092 決算短信は速報性がメリット ………… 226
093 有価証券報告書は確報となる情報源 ………… 228
094 決算説明資料は充実した任意の情報源 ………… 230
095 適時開示情報、プレスリリースは直近の情報 ………… 232
096 日経新聞はビジネストークにも役立つ ………… 234
097 業界新聞は業界情報を補足 ………… 236
コラム5 アナリストはこうして記事をチェック ………… 238
098 アナリストレポートと『会社四季報』は業績予想をみる … 240
099 市場動向や競争環境の調べ方 ………… 242
100 未上場企業や主要プレイヤーを調べるには ………… 244

おわりに ………… 246

財務三表の基本を知ろう

001

重要なのは財務三表

　決算書は、正式には「財務諸表」と呼ばれます。財務諸表の目的は、企業の財政状態や経営成績を適切に表すことです。

　決算は、会社の経済活動を1年間で区切っており、この1年間を「会計期間」、区切りの日を「決算日」といいます。会計期間の始まりを「期首」、終わりを「期末」といいます。

　財務諸表とは次のようなさまざまな計算書類の総称です。

▶ **会社法による財務諸表（株式会社）**：
　会社法では、①損益計算書、②貸借対照表、③株主資本等変動計算書、④個別注記表の4つを「計算書類」と呼び、株式会社に作成を義務づけています。

▶ **金融商品取引法による財務諸表（上場企業）**：
　金融商品取引法（財務諸表等規則）では、①損益計算書、②貸借対照表、③キャッシュ・フロー計算書、④株主資本等変動計算書、⑤附属明細表の5つの作成を上場企業に義務づけています。

▶ **金融商品取引法による四半期報告制度（上場企業）**：
　金融商品取引法ではさらに、上場企業に対して四半期ごと

の情報開示を規定しています。これを「四半期報告書」と呼びます。四半期報告書に含まれる財務諸表は、①四半期損益計算書、②四半期貸借対照表、③四半期キャッシュ・フロー計算書の3つです。四半期キャッシュ・フロー計算書のみ、第1四半期と第3四半期は作成の省略が認められています。

いきなりたくさんの財務諸表を挙げましたが、この中で読者の皆さんに見方を覚えていただきたいのはたったの3つ、「財務三表」と呼ばれる「損益計算書」「貸借対照表」「キャッシュ・フロー計算書」だけです。それらは次のことを表しています。

- ▶ **損益計算書**(Profit and Loss Statement、P/L)
  = **一定期間の営業成績**
- ▶ **貸借対照表**(Balance Sheet、B/S)
  = **一定時点の財政状態**
- ▶ **キャッシュ・フロー計算書**(Cash Flow Statement、C/F)
  = **一定期間のお金の流れ**

財務諸表の作成が会社に義務づけられているのは、会社のステークホルダー(利害関係者)に会社の実態を正確に伝える必要があるからです。

ステークホルダーとは、投資家(株主など)、債権者(銀行など)、国・地方自治体、取引先(顧客、仕入先など)、経営者、従業員、地域住民などです。財務諸表は、会社とステークホルダーとを結ぶコミュニケーションツールです。企業がその状況を広く情報開示することを「ディスクロージャー」といいます。

損益計算書（P/L）は一定期間の営業成績

　損益計算書（P/L）は、「一定期間の営業成績」を表します。一定期間とは、基本的には1年間ですが、四半期決算の場合には3カ月です。一定期間といっても、4月から翌年3月とは限りません。会社によって決算期が異なるからです。

　損益計算書は、収益＝稼いだお金、費用＝使ったお金、利益＝儲けの3つに大別されて記載されており、「収益－費用＝利益」の関係式が成立します。

　表は損益計算書の構成を表しています。赤い網掛けが収益、グレーの網掛けが費用、網掛けなしが利益です。

　収益とは、売上高、営業外収益、特別利益の3つです。

　費用とは、売上原価、販売管理費、営業外費用、特別損失の4つです。これに税金である法人税等が加わります。

　利益とは、売上総利益、営業利益、経常利益、税金等調整前当期純利益、当期純利益の5つです。

　当期純利益は、非支配株主に帰属する当期純利益（連結子会社の当期純利益のうち、親会社以外の株主の分）を差し引いて、親会社株主に帰属する当期純利益を最終損益として求めます。

　表の2列目に＋、－、＝の記号がありますが、それに沿って

損益計算書（P/L）の構成

段階	増減	分類	項目
事業	＋	収益	売上高
事業	－	費用	売上原価
事業	＝	利益	売上総利益
事業	－	費用	販売管理費
事業	＝	利益	営業利益
本業外	＋	収益	営業外収益
本業外	－	費用	営業外費用
本業外	＝	利益	経常利益
臨時	＋	収益	特別利益
臨時	－	費用	特別損失
最終	＝	利益	税金等調整前当期純利益
最終	－	税金	法人税等合計
最終	＝	利益	当期純利益
最終	－	非支配	非支配株主に帰属する当期純利益
最終	＝	利益	親会社株主に帰属する当期純利益

収益−費用＝利益の計算をすれば、それぞれの段階の利益を計算することができます。たとえば「売上高（収益）−売上原価（費用）＝売上総利益（利益）」です。

　表の左端の列は利益が出た段階を示しています。その会社の本来の事業で利益が出たのか、あるいは本業でないところか、めったにない臨時のケースなのか。

　各段階の利益の増減がわかれば、会社がどのような活動でどのくらい効率的に利益をあげているかがわかります。こうした見方は収益性分析と呼ばれます。

貸借対照表（B/S）は一定時点の財政状態

　貸借対照表は、「一定時点の財政状態」を表します。一定時点とは、決算期末時点のことで、3月期決算の会社であれば、3月末です。

　貸借対照表は、「資産」、「負債」、「純資産」の3つに大別されて記載されており、「資産＝負債＋純資産」の関係式が成立します。

　それら3つは次のことを表しています。

- **資産**：企業が保有する財産です。その企業が「資金をどう使っているか」という資金の運用を表しています。
- **負債**：負債とは、債権者から調達した資金です。返済義務があり、他人資本とも呼ばれます。「資金をどこから集めているか」という資金の調達を表しています。
- **純資産**：株主から調達した資金です。返済義務がなく、自己資本とも呼ばれます。負債と同様に貸借対照表の右側に位置し、資金の調達を表しています。

　貸借対照表は会社の安全性の分析に使うことができます。倒産の危険はないか、資金を有効活用しているかなどをチェック

できますが、それは第4章と第5章に譲り、まず貸借対照表の構成の詳細を押さえておきましょう

資産の部は、流動資産、固定資産、繰延資産の3つに分かれ、負債の部は、流動負債と固定負債に分かれています。

流動と固定をどう分けるか、その基準には「正常営業循環基準」と、「ワンイヤー・ルール（1年基準）」の2つがあります。

正常営業循環基準は、「仕入→製造→販売に至る営業の循環を1つのサイクルと考え、サイクルの過程にある項目を流動扱いにする基準」です。

ワンイヤー・ルールは、「決算日の翌日から1年以内に履行期限の到来する債権債務を流動扱いにする基準」です。実務上はまず正常営業循環基準を適用し、この基準で判断できなかったものにワンイヤー・ルールを適用し、「流動」と「固定」の項目に分けていきます。

繰延資産は、「対価の支払や役務の提供の効果が長期にわたって発現する支出」です。支出額を、その効果が及ぶ将来の期間に費用として合理的に配分するために資産として計上しているもので、特殊な資産といえます。

… 004 …

キャッシュ・フロー計算書 (C/F) は 一定期間のお金の流れ

　キャッシュ・フロー計算書は、「一定期間のお金の流れ」を表します。キャッシュ・フローとは、資金の増加（キャッシュ・インフロー）と資金の減少（キャッシュ・アウトフロー）を意味しています。

　キャッシュ・フロー計算書には、現金及び現金同等物（キャッシュ）の増減が記載されます。その情報は、一定期間においてどれだけの資金が事業活動で稼がれているか、どれだけの資金を調達したのか、といった情報を分析するのに役立ちます。また、利益が計上されているのにキャッシュが足りない、いわゆる黒字倒産を防ぐためにも有用な情報となります。

　キャッシュ（資金）の範囲は、現金及び現金同等物です。現金とは、手元現金や要求払預金です。要求払預金とは「預金者の要求に応じて元本をすぐに払い戻すことのできる預金」です。当座預金、普通預金、通知預金が該当します。

　現金同等物とは「容易に換金可能であり、かつ、価値の変動についてわずかなリスクしか負わない短期投資のこと」です。

　取得日から満期日または償還日までの期間が３カ月以内の短期投資である定期預金、譲渡性預金、コマーシャル・ペーパー

などが該当します。定期預金は貸借対照表では現金及び預金に含まれますが、コマーシャル・ペーパーなどは有価証券に含まれています。

キャッシュ・フロー計算書は、次の3つに大別されて情報が記載されています。

- ▶営業活動によるキャッシュ・フロー（営業 C/F）
  =本業で稼いだキャッシュ
- ▶投資活動によるキャッシュ・フロー（投資 C/F）
  =投資活動に使った、または投資活動で稼いだキャッシュ
- ▶財務活動によるキャッシュ・フロー（財務 C/F）
  =財務活動に使った、または財務活動で稼いだキャッシュ

キャッシュ・フロー計算書は、実際に得られた収入から実際に支払った費用等を差し引いて手元に残るキャッシュの増減を示します。従って、キャッシュ・フロー計算書における現金及び現金同等物は、貸借対照表の現金及び預金とは必ずしも一致しません。そのことは第6章でも出てきますが、重要なポイントです。

簿記は財務三表の大もと

　企業は日々、さまざまな取引を行っています。これを記すのが簿記です。簿記とは、「経営成績や財政状態を報告するために日々の経済取引を記録・計算・整理すること」です。

　簿記では、経済取引を、財政状態を示す資産・負債・純資産、経営成績を示す収益・費用の5つの要素に分類しています。この5つの要素を「簿記の5要素」といいます。

　簿記上の取引は二面性があります。たとえば1万円の商品を売り上げた場合、1万円の売上という収益が発生し、その対価として現金という資産が1万円増加します。

　この二面性を記録する方法を「仕訳」といいます。仕訳とは「簿記上の取引を2つ以上の要素に分解し、勘定科目と金額を記録・整理すること」です。勘定科目とは計算や整理のために分類した項目名です。先ほどの例では、現金と売上です。

　簿記では、左側を「借方」と呼び、右側を「貸方」と呼びま

簿記の5要素の分類

| 貸借対照表（B/S） | 資産、負債、純資産 |
| 損益計算書（P/L） | 収益、費用 |

借方・貸方の覚え方

| 借方 | 貸方 |
| かりかた ↙ | かしかた ↘ |

す。借方の「り」は左側に向かって字をはらっていて、貸方の「し」は右側に向かって字をはらっていることを覚えておくと、理解しやすいと思います。

「仕訳のやり方がわからない」という方もいるでしょう。先ほどの例では、1万円の売上という収益が発生し、その対価として現金という資産が1万円増加しました。これを仕訳すると、左側の借方は現金1万円、右側の貸方は売上1万円、となります。

仕訳は4つのルールに従って行われます（下図参照）。たとえば①借方（資産・費用）に属する勘定科目が増加した場合には、仕訳の借方に記入します。②借方（資産・費用）に属する勘定科目が減少した場合には、仕訳の貸方に記入します。③貸方（負債・純資産・収益）に属する勘定科目が増加した場合には、仕訳の貸方に記入、④貸方（負債・純資産・収益）に属する勘定科目が減少した場合には、仕訳の借方に記入します。

仕訳のルール

貸借対照表（B/S）

| 資産 | 負債 |
| | 純資産 |

増加：借方 　増加：貸方
減少：貸方 　減少：借方

損益計算書（P/L）

| 費用 | 収益 |
| 利益 | |

増加：借方 　増加：貸方
減少：貸方 　減少：借方

006

利益とキャッシュは
どう違うのか

　利益とは、「会社が稼いだお金からかかった費用を差し引いた儲け」です。006で述べたように「収益−費用＝利益」の式で表すことができます。

　キャッシュとは、「事業継続の元手となるお金」ですが、収益、費用、キャッシュはそれぞれ会計処理する基準が異なります。

　まず、収益は実現主義（実際に収益を得た時点で認識する会計原則）に従います。費用は発生主義（権利義務の発生やモノやサービスの消費時点で認識する会計原則）、キャッシュは現金主義（収益と費用を現金の受け渡し時点で認識する会計原則）です。

　費用は発生主義ですから、現金の受領の有無とは必ずしも関係がありません。一方、キャッシュは現金の出入りそのものと関係します。

　どういうことか、具体的に設備投資と減価償却費の例で説明しましょう。減価償却費とは「企業が長期間にわたり使用する資産を、耐用年数に応じて規則的に費用配分する金額」です。

　たとえば、ある企業が2018年度末に10億円の機械装置を購入し、翌年度から2億円ずつ、5年間均等で減価償却費を計上

するとします。表の通り、初年度の2018年度は設備投資として10億円が出て行き、損益計算書での減価償却費の計上はないため、利益へのマイナスインパクトはありません。2019年度以降は、設備投資の支払いはありませんが、損益計算書に減価償却費を毎年2億円ずつ、費用として計上します。

このケースで、2018年度に設備投資代金10億円を支払った時、会社の現金は10億円、ドンと減ります。それでも事業の継続に必要な現金が手元に残ればよいのですが、ここで現金が足りなくなってしまうケースもまれにあります。仕入れ先に代金を支払うためのお金がないと、最悪、決済が滞ってしまいます。このように、利益とキャッシュの動きは別ものなのです。

なお、仕訳では、初年度は機械装置10億円、現金10億円で、資産の増減しか出てきません。翌年度から減価償却費として費用が毎年2億円出て行きますが、現金は既に10億円減少しているため、翌年度からの費用計上では現金は動きません。

利益とキャッシュにはこのようなズレがありますが、キャッシュの動きを強く意識した経営を「キャッシュ・フロー経営」といいます。減価償却費の詳細は、第2章と第4章で、キャッシュ・フロー経営については第6章で詳しく説明します。

設備投資と減価償却費の推移例

	2018年度	2019年度	2020年度	2021年度	2022年度	2023年度
設備投資	▲10億円	0億円	0億円	0億円	0億円	0億円
減価償却費	0億円	▲2億円	▲2億円	▲2億円	▲2億円	▲2億円

設備投資はキャッシュに影響、減価償却費は利益に影響

007

前年同期比と前四半期比の違いは？

　財務三表をみるにあたり、前年同期比と前四半期比の違いを知っておきたいところです。

　財務三表では、伸び率は前年同期比で比較した記載がなされています。前年同期比とは、「前年の同期間を比較すること」です。たとえば、2019年4-6月を分析する場合、その前年同期は2018年4-6月です。

　前年同期比は、比較する期間が1年間の場合は、「前期比」といいます。たとえば、2018年4月-2019年3月と2017年4月-2018年3月とを比較する場合です。

　ただし、同じ1年間でも、1-12月の暦年（カレンダーイヤー）の場合には、「前年比」といいます。また、1カ月単位の場合には、「前年同月比」といいます。たとえば、2019年4月と2018年4月を比較する場合です。

　いろいろな表現を紹介しましたが、財務分析の基本は、前年同期比でみることです。

　一方、前四半期比とは、「前の四半期と比較すること」です。たとえば、2019年4-6月を分析する場合、その前四半期は2019年1-3月です。

前年同期比と前四半期比の違い

2018年				2019年	
1-3月	4-6月	7-9月	10-12月	1-3月	4-6月

比較される ←――――― 前年同期比 ―――――→ 比較する

2018年				2019年	
1-3月	4-6月	7-9月	10-12月	1-3月	4-6月

比較される 比較する
↑ 前四半期比 ↑

　比較する期間が1カ月単位の場合には、「前月比」といいます。たとえば、2019年4月と2019年3月を比較する場合です。

　前四半期比は、年間の決まった時期に起きるイベントによる売上の大小など、季節性のノイズが入ってしまう企業の場合には、分析方法としては好ましくありません。

　たとえば、百貨店の場合、年末商戦がある12月が例年、売上が多くなります。2018年10-12月と2017年10-12月、つまり前年同期比であれば、そのまま比較できますが、2018年10-12月と2018年7-9月、つまり前四半期比であれば、12月に売上が増える季節性が除去できません。例年、活況を呈する時期に売上が増えるのは、当然ですよね。

　この場合に2018年10-12月の業績の良否を判断するには、2018年10-12月の前年同期比の伸び率と、2018年7-9月の前年同期比の伸び率を比較するのがよいでしょう。

損益計算書(P/L)は営業成績を表す

企業は3つの収益から資金を獲得

第2章では、損益計算書（P/L）について詳しく解説します。

損益計算書は利益が出た段階によって本業、本業外、臨時、最終の4段階に大別されます。表の一番左の列です。

表の赤い網掛け部分は、**企業が資金を獲得する3つの収益**

損益計算書（P/L）の主な構成

段階	増減	分類	項目
本業	＋	収益	売上高
	－	費用	売上原価
	＝	利益	売上総利益
	－	費用	販売管理費
	＝	利益	営業利益
本業外	＋	収益	営業外収益
	－	費用	営業外費用
	＝	利益	経常利益
臨時	＋	収益	特別利益
	－	費用	特別損失
最終	＝	利益	税金等調整前当期純利益
	－	税金	法人税等合計
	＝	利益	当期純利益
	－	非支配	非支配株主に帰属する当期純利益
	＝	利益	親会社株主に帰属する当期純利益

源を示しています。3つの収益とは、売上高、営業外収益、特別利益です。売上高は、「本業のモノやサービスで稼いだお金」です。営業外収益は、「本業以外で稼いだお金」です。特別利益は、「臨時（特別な事情）で稼いだお金」です。

　売上高はすべての収益の基本となるものです。決算書上では「収益をいつ認識するか」、つまり、「いつの時点で売上があがったと考えて決算書に記載するか」ということは、重要な問題です。

　会計原則では収益を認識する時点を「実際に代金やその他の等価物によって収益を得て、実現した時点」と考えます。これを「実現主義」といいます。

　会社がモノやサービスを売る場合、通常、売上は販売時点で

	定義
	本業のモノやサービスで稼いだお金
	本業でモノやサービスを提供するための直接経費
	売上高から直接経費を差し引いた利益
	本業でモノやサービスを提供するための間接経費
	本業で稼いだお金
	本業以外で稼いだお金
	本業以外で使った経費
	本業以外の稼ぎを加えた利益
	臨時（特別な事情）で稼いだお金
	臨時で使った経費
	税金を支払う前段階の利益
	法人税などの支払う税金
	すべての費用を差し引いた最終的な利益
	非支配株主が持つ最終的な利益
	非支配株主分を差し引いた最終的な利益

認識されます。「そんなの当たり前だ」と感じるかもしれませんね。ただし、どの時点で販売したとみなすかについては、出荷時点や引渡時点など、いくつかの基準があります。

　営業外収益の主な項目は、**受取利息**（預金や貸付金から発生する利息）、**受取配当金**（株式から得られる配当金）、**為替差益**（為替レートの変動により、商品や金融資産の売買を円換算した際に発生する利益）、引当金の戻し入れ（損失の発生見込みがなくなった引当金の戻し入れによる利益）、雑収入（その他の収入）などがあります。

　今、為替差益という言葉が出てきましたが、円高・円安といった為替レートの変動は、売上高と営業利益にも影響します。その影響は、営業外収益の項目としての為替差益よりも、むしろ重要です。為替変動の影響については、第7章で詳しく説明します。

　特別利益の主な項目は、固定資産売却益（固定資産を売却して得た利益）、投資有価証券売却益（投資目的で保有する国債や有価証券を売却して得た利益）などがあります。臨時に発生する利益なので、年度によって異なりますし、まったく発生しない年もあります。

　売上高、営業外収益、特別利益の3つの収益はすべて、損益計算書では加算項目になります。言い換えると、この3つ以外は決して加算されることはありません。4つの段階のうち、本業、本業外、臨時の3段階では収益が発生しますが、最終の段階では収益は発生しません。

009

売上高は
本業で稼いだおカネ

売上高は、「本業のモノやサービスで稼いだお金」です。営業外収益、特別利益と並ぶ収益の1つですが、すべての収益の基本となるものです。

売上高は業種によって違う呼び方をすることがあります。建設業の場合、「完成工事高」と呼びます。ほかにも「営業収益」「売上収益」などといわれることがあります。

次に、売上高と似て非なる概念を整理しておきます。

▶ 受注高：

「一定期間に請け負った仕事の金額」です。売上高より先に入るもので、先行きを表す指標として使われます。

▶ 受注残高：

「一定時点ですでに請け負っている仕事の金額合計」です。一定時点における累積受注高のことです。売上計画を立てる際の参考材料として使われます。

▶ 生産高：

「一定期間に生産した量を金額に換算したもの」です。製造業で工場の稼働状況をみる材料として活用されます。

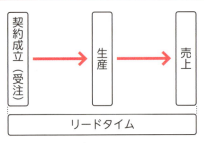

(注) 受注の累積が受注残高です。

　受注高と受注残高は、いずれも先行きを表す指標です。受注から売上までの期間を「リードタイム」といいます。

　生産高は、製造業でいえば、製品を生産したものを金額換算したものです。

　製造業は、受注残高に基づいて生産計画及び売上計画を立てて生産・販売するので、受注残高が減少すれば、その後生産高も減少します。生産高が減れば、販売できる製品が減るので、売上高も減少します。

　逆に、受注残高が前年度に比べて増加している場合は、今年度の売上高も前年度より大きくなる可能性が大です。中には「安値で受注を増やしたので、あまり儲からない」というケースもあるかもしれません。とはいえ、受注残高の増加は、将来、売上が見込める可能性が増す、ということですから、企業にとってプラス要素とみてよいでしょう。

　受注高、受注残高、生産高、売上高は、業界の市場規模を表す尺度として使われます。

　たとえば、工作機械業界や半導体製造装置業界は、受注高で

業界会員の市場規模を集計し、公表しています。

業界全体と調査対象企業について、受注高、受注残高、生産高、売上高のどれかの数字を得ることができれば、市場シェアを計算することができます。

▶市場シェアの求め方

$$\frac{調査対象企業の受注高}{業界全体の受注高} \times 100 = 市場シェア（\%）$$

（注）受注高の代わりに売上高、受注残高、生産高を用いても推計可能。

ニュース用語 01 米中貿易摩擦
日本企業の売上高にも影響大

　企業が売上高を拡大するには、景況感のよさに加えて政治の安定性が必要です。

　政治の不安定化は、売上高の先行きにダメージを与えます。たとえば、関税が極端に強化されれば、輸出・輸入価格が急上昇し、貿易を阻害して売上高を減少させます。経済全体では景気後退要因となり、それも売上に影響してきます。2018年、まさにそんな事態が起きました。米中貿易摩擦です。

　米中貿易摩擦の始まりは、2018年1月、トランプ政権が太陽光パネルや洗濯機などの緊急輸入制限(セーフガード)を発動すると発表したことです。この輸入制限は、中国以外も対象だったものの、トランプ大統領が念頭に置いていたのは中国です。

　同年3、4月には米中の関税措置の応酬が展開されましたが、7月にトランプ政権が中国からの自動車やロボットなどの818品目の輸入に25％の追加関税措置を発動したことで、米中の摩擦はさらに過熱しました。以後の関税措置の応酬は表に譲りますが、2018年夏には、米中貿易摩擦の経済への影響が懸念されるようになりました。追加関税による利益への影響を考え、

設備投資を様子見する企業が出始めたのもこの頃です。

　貿易摩擦による世界景気の減速懸念が強まる中、2018年10月には日本の工作機械受注がとうとう前年同月割れに転じました。11月には、中国国内での電子部品や建設機械の需要減も顕在化しました。

　両国の応酬は一時、沈静化したものの、米国が2018年9月に実施していた関税品目について、2019年5月に最大25％への関税引き上げを実施し、摩擦が再燃しました。

　一方、2018年12月には、中国のファーウェイの創業者の娘で、副会長兼CFO（最高財務責任者）の孟晩舟氏がカナダで逮捕されました。米国政府は日本など諸外国に対してファーウェイの通信機器を使用しないように要請しています。米中間の争いは追加関税合戦だけでなく、第5世代移動通信システム（5G）の主導権を巡る覇権争いへと舞台が拡大し、世界中を巻き込んでいます。

米中の関税措置の推移

発動年月	米国の関税率	米国の品目数	中国の関税率	中国の品目数
2018/7	25%	818品目（自動車、航空・宇宙関係、産業用ロボットなど）	25%	545品目（自動車、大豆、牛肉、豚肉、海産物、ウイスキーなど）
2018/8	25%	279品目（工業用機械、鉄道関連、化学製品）	25%	333品目（石炭、石油、医療機器、化学製品など）
2018/9	10%	5,745品目（家具、家電製品、ハンドバッグ、農水産品など）	5%と10%	5,207品目（LNG、プラスチック製品、コーヒー豆、宝飾品など）
2019/5	最大25%		最大25%（注2）	

（注1）2019年6月末時点の報道等をもとに作成。
（注2）中国の2019年6月1日からの最大25％の対象品目数は5,140品目。

ケース01 日本電産

米中貿易摩擦で下方修正

2019年1月には、日本企業に米中貿易摩擦の影響が目にみえて出始めました。その象徴となったのが、日本電産による2019年3月期会社計画の下方修正でした。会社計画とは、会社が公表する年間業績予想のことです。

日本電産は、京都市に本社を構え、精密小型から超大型までの幅広いラインナップを誇るモータ事業を中心に、モータの応用製品・ソリューションも手がける大手電気機器メーカーです。M&Aによる事業拡大にも積極的に取り組んでいます。

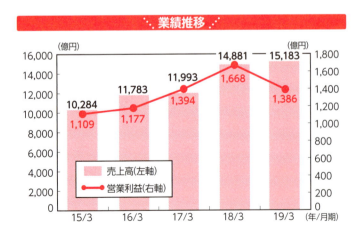

業績推移

2019年1月17日に日本電産は、2019年3月期の会社計画について、売上高を1兆6,000億円→1兆4,500億円に、営業利益を1,950億円→1,450億円に下方修正しました。増収増益で過去最高業績更新となるはずの見通しが、減収減益見通しへと一変しました。

　日本電産は、2019年3月期第2四半期決算では、四半期ベースでの売上高、営業利益が過去最高額を更新し、絶好調でした。会社側の説明によれば、第2四半期決算までの経営環境が、2018年11月以降に一変。米中貿易摩擦による関税強化で顧客が想定以上に設備投資に慎重になり、受注が急減、会社計画を大幅下方修正することになったようです。

　永守重信会長は、「尋常ではない変化が起きた。46年経営を行ってきたが、月単位で受注がこんなに落ち込んだのは初めてだ」と緊急記者会見で語りました。

　この動きは、日本電産に限った話ではありません。産業用ロボットの小型精密減速機で日本電産のライバルである、ハーモニック・ドライブ・システムズの1月22日の発表も注目を浴びました。2019年3月期第3四半期の単体受注高が、前年同期比76％減と急減したのです。

　010 で指摘したように、政治の不安定化は経済環境の急変、企業の売上高の急減を招き、企業業績に深刻な影響を及ぼします。米中貿易摩擦の例にみられるように、経済環境が変化すると、まず受注高に影響が生じます。受注高が企業の売上高と利益を予想する上で重要な指標であることがわかると思います。

　日本電産の2019年3月期の実績値は、営業利益1,386億円（前期比17％減）と、会社計画を下回る結果となりました。

企業活動は
4つの費用で資金が流出

　企業活動にかかる費用は、4つあります。売上原価、販売管理費、営業外費用、特別損失の4つです。費用としてお金が出て行く要因として、もう1つ、税金、すなわち、法人税等が加わります。それぞれの内容をみていきましょう。

- ▶売上原価：
  「本業でモノやサービスを提供するための直接経費」です。製品を作るために物を仕入れたり、材料を購入したりする費用です。
- ▶販売管理費：
  「本業でモノやサービスを提供するための間接経費」です。正式には販売費及び一般管理費、略称は販管費です。販売促進や維持管理にかかる費用です。人件費や広告宣伝費、通信費、消耗品費などが該当します。

　「売上高に占める売上原価の割合」を売上原価率といいます。単に原価率ともいいます。また、「売上高に占める販売管理費の割合」を販管費率といいます。いずれも費用の割合なので、低い方が望ましいです。また、いずれも売上高売上原価率、売

上高販管費率と、名称に「売上高」をつけることもあります。

▶ **本業のコストの２つの指標**

$$売上原価率 = \frac{売上原価}{売上高} \times 100\ (\%)$$

$$販管費率 = \frac{販売管理費}{売上高} \times 100\ (\%)$$

費用から生産活動の状況をみる時は売上原価に注目し、営業・管理活動の状況をみる時は販売管理費に注目します。

売上原価率が高ければ、生産体制に改善すべき課題があることになります。販管費率が高ければ、販売体制や管理体制に課題があることになります。売上原価率や販管費率が高いか低いかの判断は、競合他社の比率と比較するのがよいでしょう。

▶ **営業外費用**：

「本業以外で使った経費」です。企業の財務活動から生じる費用がこれに当たります。支払利息、割引料、社債利息、有価証券売却損、為替差損、各種引当金などです。

▶ **特別損失**：

「臨時で使った経費」です。固定資産売却損、投資有価証券売却損、災害損失などが該当します。

営業外費用、特別損失には、売上原価や販売管理費のように率とつく財務指標はありません。この２つは営業外収益、特別利益と対になっており、営業外収益と営業外費用とで営業外損益、特別利益と特別損失とで特別損益を構成します。

「法人税等」は、主に法人税、住民税、事業税です。

売上原価は
モノやサービスを提供するための
直接経費

　売上原価は、「本業でモノやサービスを提供するための直接経費」です。製品を作るために物を仕入れたり、従業員に給料を支払ったりする費用です。

　売上原価の内容や計算の仕方は、サービス業、卸小売業、製造業など業種によって異なります。サービス業では、サービスを行う人員の人件費が売上原価の多くを占めます。

　卸小売業の売上原価とは「販売した商品の仕入値」です。商品の仕入値を日々の取引から記録し、期末に商品在庫（期末商品棚卸高）を調べて、実際に帳簿通りに在庫があるかどうかを確認します。

　製造業では、期首の製品在庫（期首製品棚卸高）に期中の製造原価（当期製品製造原価）を加え、期末の製品在庫を差し引いて売上原価を求めます。

▶卸小売業の売上原価
　＝期首商品棚卸高＋当期商品仕入高－期末商品棚卸高
▶製造業の売上原価
　＝期首製品棚卸高＋当期製品製造原価－期末製品棚卸高

自動車や電機などメーカーの状況を分析する場合、売上原価は重要なポイントです。そこで製造業の売上原価について少し詳しく解説しましょう。

　前述の式に出てくる当期製品製造原価の計算方法はこうです。期首の仕掛品棚卸高に、期中（当期）の製造費用を加え、期末の仕掛品在庫を差し引いて求めます。仕掛品とは、「製造途中にある製品のこと」です。

　仕掛品は製品として販売したり、交換したりすることが見込めません。これに似た用語に半製品があります。半製品は、製品として販売したり、交換したりすることが可能ですが、会社にとっては製造途中のものです。製品や仕掛品、半製品はいずれも棚卸資産として、資産計上されます。棚卸資産は第4章で説明します。

▶当期製品製造原価
　＝期首仕掛品棚卸高＋当期製造費用－期末仕掛品棚卸高

　期中の製造費用（当期製造費用）とは、材料費、労務費、経費の合計額です。

　材料費とは、「製造活動に使った原材料費」です。原料費や買入部品費、工場消耗品費、燃料費などが該当します。

　労務費とは、「製造活動に使った人件費」です。製造活動に携わった従業員の賃金、賞与、福利厚生費などが該当します。

　経費とは、「材料費、労務費以外で製造活動に要した費用」です。間接費ともいいます。減価償却費や外注加工賃、賃借料、電力料、ガス代、水道料、通信費などが該当します。

　減価償却費とは、「固定資産の使用による価値の減少を費用

製造費用の分類

材料費	製造活動に使った原材料費 原料費、買入部品費、工場消耗品費、燃料費など
労務費	製造活動に使った人件費 賃金、給料、賞与、福利厚生費など
経費 (間接費)	材料費、労務費以外で製造活動に要した費用 減価償却費、賃借料、電力料、ガス代、通信費など

処理する金額」です。対象となる固定資産は、機械装置や建物などです。土地は使用による価値の劣化がないため、対象には含めません。

「固定資産を使用する期間」を耐用年数といいます。「費用計上すること」を減価償却する(償却する)といいます。

償却方法は、主に定額法と定率法があります。定額法は、毎年同額償却する方法です(040 も参照)。

定率法は、毎期、会計ルールで定められた一定率の償却をする方法です。毎年の減価償却費は「前期末の設備の帳簿価額」(設備を取得した年は取得価額)に一定率を掛けて算出します。設備の帳簿価額は毎期、減価償却費を計上した分だけ減っていきますから、定率法の減価償却費は毎期、小さくなります。

定率法を採用した場合、定額法に比べて初期の減価償却費が大きくなります。損益計算書では売上原価が膨らんで、営業利益を圧迫している例がよくみられます。

減価償却費という項目は、損益計算書の売上原価と販売管理費の両方に出てきます。

売上原価に含める減価償却費は生産部門で生じたものです。製品を製造する際の機械装置の減価償却費がその例です。

販売管理費に含める減価償却費は販売・管理部門で生じたものです。たとえば、販売拠点の建物の減価償却費などです。
　このように、企業活動の因果関係に応じて費用や収益を把握する考え方を「費用収益対応の原則」といいます。

ケース02 日本マクドナルドHD
業績回復の陰に不採算店舗の閉鎖

　日本マクドナルドホールディングス（日本マクドナルドHD）の業績が好調です。2018年12月期の業績は、売上高2,722億円（前期比7%増）、営業利益250億円（同32%増）と、**3期連続の業績拡大**となりました。

　しかし、2014年12月期及び2015年12月期は2期連続の営業赤字に陥ったほどの危機的な状況でした。2014年から2015年にかけて、鶏肉の賞味期限切れや異物混入など、食の安全を脅かす報告が相次いだことがきっかけです。2014年夏の問題

の発覚後、サラ・カサノバ社長は、3年かけて失墜したブランドを立て直す決意を表明しました。業績回復の陰にどんな取り組みがあったのでしょうか。

経営指標の推移

(%)

(年/月期)	14/12	15/12	16/12	17/12	18/12
売上原価率	91.1	99.0	86.2	82.0	80.5
直営売上原価率	69.1	75.2	65.3	62.0	60.8
フランチャイズ収入原価率	22.0	23.8	20.9	20.1	19.6
売上総利益率	8.9	1.0	13.8	17.9	19.5
販管費率	11.9	13.3	10.8	10.5	10.3
営業利益率	▲3.0	▲12.4	3.1	7.5	9.2

(注) 各項目は売上高に占める割合。

業績回復に向けて早期に着手したのが、<u>直営店の不採算店舗の閉鎖</u>です。2015年4月には大規模な店舗閉鎖・改装を発表しました。これにより、直営店の売上原価率が2016年12月以降、急速に改善しました。労務費も売上規模に見合った水準に抑えたことで、営業黒字転換を可能にしました。2014年12月期には1,009店あった直営店は、2018年12月期には909店まで減少しています。

不採算店舗の閉鎖だけでは売上高は増加しません。2015年4月には、顧客の不満を集めるスマホ用アプリ「KODO」を導入し、食の安全に対する不満や、サービス向上に関する意見の吸い上げに努めました。2016年7月には「ポケモンGO」と連携サービスを実施し、顧客の来店増加につなげました。さらに、期間限定メニューを継続的に実施し、それをリピーターの来店増加につなげたものとみられます。

販売管理費は
モノやサービスを提供するための
間接経費

販売管理費は、「本業でモノやサービスを提供するための間接経費」です。販売手数料、広告宣伝費、人件費、通信費などが該当します。

販売手数料は、製品・商品・サービスを販売するために支払う手数料です。取引数量や金額などに応じて、代理店などの販売受託者、仲介人などへ支払う手数料や仲介料などがそれに当たります。たとえば、ある企業がアマゾンなどのネット通販業者に商品を出品して販売する場合、売買成約時には、売上高の8〜15%程度の手数料がかかるといわれています。

一方で、ネット通販業者間での競争も激化しており、消費者へのポイント還元などのサービス競争が過熱しています。アマゾンでは、全商品に販売価格の1%以上のポイントを付与するサービスを検討しており、これが出品者の販売手数料に転嫁されるのではないかという懸念から、公正取引委員会が実態調査をしているといわれています。

広告宣伝費も製品・商品・サービスを販売するための費用です。テレビCMや、展示会の出展費用などがそれです。広告宣伝費の金額上位にはトヨタ自動車や日産自動車などの大手自動

車メーカーや、イオン、セブン＆アイ・ホールディングスなどの大手小売業者が名を連ねています。自動車メーカーの場合、売上高に占める広告宣伝費の割合は5％以内と低水準ですが、サントリーホールディングスなどの食品業界や、楽天などのサービス業界の場合には、10％を超えていることもあります。広告がブランディング戦略上、重要であることがわかります。

人件費は給料、賞与、役員報酬、福利厚生費などです。給料や賞与は販売部門や管理部門の従業員に支払うものが販売管理費に計上されます（生産部門の従業員の給料は売上原価に含まれます）。

減価償却費は、固定資産の使用による価値の減少に対する費用処理ですが、販売管理費には生産活動以外で発生する減価償却費が計上されます。たとえば、本社オフィスや支店の建物を自社保有している場合、その減価償却費は販売管理費に含まれます。

貸倒引当金繰入額とは、「貸倒引当金（営業債権に対する回収不能見込額）を計上する費用」です。営業債権とは、受取手形や売掛金のことです。たとえば、取引先が経営難で、代金の支払いに問題がある場合に、回収が見込めない金額を予め見積もって計上します。

のれん償却費とは、「企業買収の際に、受け入れた純資産よりも買収額が高い時の差額の償却額」です。企業買収の際、買収した会社の純資産よりも買収額が高い場合、その差額をのれんとして、無形固定資産に計上します。のれんは、原則、固定資産の減価償却費と同様に、一定期間で均等償却をします。詳しくは第7章で解説します。

ニュース用語02 働き方改革
就業管理が強化されるも人件費が増加

　2016年9月、安倍政権は「働き方改革実現会議」を設置しました。長時間労働を是正し、就業管理を強化する取り組みです。

　日本国内でこのような機運が高まったきっかけは、2015年12月に電通の新入社員が、残業が月105時間におよぶ長時間労働やパワハラなどから自死し、大きな社会問題となったことでした。

　このような事件を受けて、2018年6月には働き方改革関連法が成立しました。2019年4月以降、順次改正法が適用されます。主な改正項目9つを表にまとめました。

　就業管理を強化する機運が高まったことで、これまで残業時間の管理が徹底していなかった企業では、残業時間の制限や賃金未払いを見直す取り組みが進みました。

　就業時間の管理が強化されることは、残業時間が制限され、適正に賃金が支払われる体制に変わることですから、従業員にとっては改善につながることが多い内容です。それは結果として、従業員の離職率減少にも寄与するでしょう。

　半面、経営側にとっては都合がよいことばかりではありませ

働き方改革関連法の主な改正項目

改正される法律	改正内容
労働基準法	残業時間の罰則付き上限規制
	年5日間の有給休暇取得の義務化
	割増賃金率の中小企業猶予措置廃止
	高度プロフェッショナル制度の創設
	3カ月のフレックスタイム制が可能に
労働安全衛生法	企業への労働時間の把握義務の明確化
	産業医の機能強化
パートタイム労働法	同一労働・同一賃金原則の適用
労働契約法	
労働者派遣法	
労働時間等設定改善法	勤務間インターバル制度の努力義務

ん。これまで未払いで残業をさせていたケースがあれば、残業代を適正に支払わなければなりません。就業時間の制限に応じて、人手を増やす必要性も出てきます。

そうした対応が迫られた例として注目を浴びたのが、ヤマトホールディングスでした。

ヤマトホールディングスは、2017年6月に未払い残業代を230億円計上すると発表しました。対象従業員数は1万2,000人に上ります。残業代の支払いの適正化は進みましたが、代わりに再配達の受付終了時間を従来の20時から19時に短縮するなど、サービス内容の縮小を余儀なくされています。

ケース03 吉野家HD
人手不足による人件費増加で最終赤字に

　吉野家ホールディングス（吉野家HD）の業績が低迷しています。2019年2月期の業績は、売上高2,023億円（前期比2％増）、営業利益1億円（同97％減）、当期純損失60億円（前期は当期純利益14億円）と、大幅営業減益、最終赤字になりました。要因は、人件費の増加です。

　財務指標をみると、売上原価率は2019年2月期を除いて低下傾向にあるのに対して、販管費率が上昇しています。これは、売上高の増加で売上原価率は改善できているのに対して、人件

業績推移

経営指標の推移

(%)

(年/月期)	15/2	16/2	17/2	18/2	19/2
売上原価率	37.5	38.2	36.3	35.1	36.0
売上総利益率	62.5	61.8	63.7	64.9	64.0
販管費率	60.5	61.0	62.8	62.9	64.0
営業利益率	2.0	0.9	1.0	2.0	0.1

(注)各項目は売上高に占める割合。

費の増加が吸収しきれていないためです。

　背景には、人手不足と就業管理強化の機運により、給料を引き上げなければ人材が確保しにくい状況にあることが考えられます。また、外国人労働者の割合が増え、言語の壁から、店舗教育にかける時間とコストを充実させなければならない状況にあることも推測されます。

　これは吉野家 HD に限ったことではなく、外食産業全体が抱えている構造的な問題といえるでしょう。ドトール・日レスホールディングス（2019 年 2 月期）、クリエイト・レストランツ・ホールディングス（同）、リンガーハット（同）なども営業減益となっています。

　外食産業全体の課題として、いかにして業務効率化を図るか、省人・省力化を進めるかが中期的な視点での収益改善の鍵といえそうです。

　吉野家では、従業員がご飯を規定量・規定時間通り盛り付けられるまでに 1 年以上かかるといいます。吉野家 HD は数年前に米飯加工機メーカーのシャリ弁ロボ（ご飯を均一に盛り付ける食品機械）を導入し、この課題を解決しましたが、食品券売機は導入しておらず、改善余地はまだまだあるといえそうです。

5段階の利益で儲けを評価する

利益は、「収益から費用を引いた儲けのこと」です。

▶利益を表す式:

収益－費用＝利益

損益計算書（P/L）の主な構成と定義、5つの利益

段階	増減	分類	項目
本業	＋	収益	売上高
	－	費用	売上原価
	＝	利益	**売上総利益**
	－	費用	販売管理費
	＝	利益	**営業利益**
本業外	＋	収益	営業外収益
	－	費用	営業外費用
	＝	利益	**経常利益**
臨時	＋	収益	特別利益
	－	費用	特別損失
最終	＝	利益	**税金等調整前当期純利益**
	－	税金	法人税等合計
	＝	利益	**当期純利益**
	－	非支配	非支配株主に帰属する当期純利益
	＝	利益	親会社株主に帰属する当期純利益

表は 008 節で収益の説明に使ったものですが、ここでは5つの利益に赤い網を掛けています。

5つの利益とは売上総利益、営業利益、経常利益、税金等調整前当期純利益、当期純利益です。損益計算書で5つの利益の増減を順にみていけば、「本業」「本業外」「臨時」「最終」のどの段階で増益になったのか、あるいは減益になったのかという要因がわかってきます。

5つの利益を順に説明しましょう。

①売上総利益＝売上高－売上原価

売上高から直接経費を差し引いた利益。粗利（あらり）、粗利益とも呼びます。

	定義
	本業のモノやサービスで稼いだお金
	本業でモノやサービスを提供するための直接経費
	売上高から直接経費を差し引いた利益
	本業でモノやサービスを提供するための間接経費
	本業で稼いだお金
	本業以外で稼いだお金
	本業以外で使った経費
	本業以外の稼ぎを加えた利益
	臨時（特別な事情）で稼いだお金
	臨時で使った経費
	税金を支払う前段階の利益
	法人税などの支払う税金
	すべての費用を差し引いた最終的な利益
	非支配株主が持つ最終的な利益
	非支配株主分を差し引いた最終的な利益

②**営業利益**＝売上総利益－販管費

本業で稼いだ利益です。

③**経常利益**＝営業利益＋営業外収益－営業外費用

本業以外の稼ぎを加えた利益。

④**税前利益**＝経常利益＋特別利益－特別損失

税金を支払う前段階の利益。正式には税金等調整前当期純利益といいます。

⑤**当期純利益**＝税前利益－法人税等

すべての費用を差し引いた最終的な利益。

これら5つの利益は

①前年同期比でどれだけ利益額が増えているか
②売上高利益率がどれだけ高くなったか

という2つの視点でみます。額と率の2つでチェックすることで、業績の良し悪しがみえてきます。

売上高利益率とは、「売上高に占める利益の割合」です。単に「利益率」ともいいます。

5つの利益のうち、税前利益（税金等調整前当期純利益）を除く4つに関して売上高利益率があります。その4つを式で表しましょう。

❶ 売上総利益率 $= \dfrac{売上総利益}{売上高} \times 100\ (\%)$

❷ 営業利益率 $= \dfrac{営業利益}{売上高} \times 100\ (\%)$

❸ 経常利益率 = $\dfrac{経常利益}{売上高} \times 100$（%）

❹ 当期純利益率 = $\dfrac{当期純利益}{売上高} \times 100$（%）

❶～❹の売上高利益率はいずれも高い方が望ましいです。コストを改善すれば、売上高利益率は高くなります。

売上高利益率を使った分析を「収益性分析」と呼びます。4つのいずれも重要ですが、分析の基本となるのは本業の収益性を表す営業利益率です。

なお、当期純利益率は、厳密には、非支配株主に帰属する当期純利益（026 参照）を差し引いた「親会社株主に帰属する当期純利益」を使って分析を行います。

第3章

損益計算書(P/L)にある
5つの利益を解読

売上総利益は利益拡大策の出発点

売上総利益は「売上高から直接経費を差し引いた利益」です。

- 売上総利益＝売上高－売上原価

- 売上総利益率＝$\dfrac{売上総利益}{売上高} \times 100$（％）

会社の業績の良し悪しを評価する時、たとえ売上総利益の額が増えていても、売上総利益率が低下しているのでは最善とはいえません。売上高と売上原価を分解して、どうやって売上総利益率を上げていくかを考えてみます。

- 売上高＝販売単価×販売数量
- 売上原価＝製造単価×製造数量　（製造業の場合）
- 売上原価＝仕入単価×仕入数量　（卸小売業の場合）

販売単価と製造単価、または仕入単価の差額に着目すれば、利益額がわかります。売上総利益の要因も分解してみます。

- 売上総利益
  ＝(販売単価－製造単価)×製造数量　（製造業の場合）

▶ **売上総利益**
　＝（販売単価－仕入単価）×仕入数量　（卸小売業の場合）

売上総利益の減少要因には、次の2点があります。

①販売単価の下落
②製造単価または仕入単価の上昇

顧客の値下げ圧力などにより、販売単価が下落した場合、利益は出にくくなります。原材料価格の上昇や運送費の上昇などで製造単価または仕入単価が上昇した場合も同様です。

売上総利益を増やすための選択肢はその反対で、

①販売単価を上げる
②製造単価または仕入単価を下げる

の2つです。それにはどのような方策があるでしょうか。

▶ **販売単価を上げる方策：**
　❶顧客に値上げ要請をする
　❷新製品（商品）・新サービスを投入する　など

▶ **製造単価または仕入単価を下げる方策：**
　❶仕入先を複数社にして値下げ要請する
　❷製造工程を見直してコストを抑制する　など

売上総利益を単価×数量に分解してとらえることは、利益をあげるために価格を上げるのか、販売数量を増やすのか、といった戦略の出発点になります。

ケース04 ヤマトHD
値上げ政策の浸透で粗利率が改善

ヤマトホールディングスの決算をもとに、販売単価の上昇で売上総利益率の改善が実現した例をみてみましょう。

ヤマトHDの2019年3月期業績は、売上高に当たる営業収益が1兆6,253億円（前期比6％増）、営業利益は583億円（同64％増）と、大幅増益となりました。その要因は、値上げ政策の浸透です。

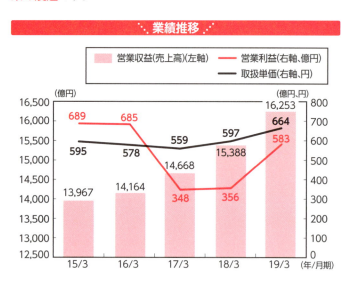

業績推移

主力のデリバリー事業のうち、宅急便の取扱数量は前期比2％減の18億353万個となったものの、値上げ政策で取扱単価は同11％増の664円となりました。また、クロネコダイレクトメール便も、取扱数量は同17％減の12億1,152万冊と大幅に減少したものの、取扱単価は同7％増の60円へと改善しました。

　2019年3月期業績を前期比で比較すると、販管費率は2018年3月期：3.3％→2019年3月期：3.3％と、差はありません。

　一方、売上総利益率（粗利率。ヤマトHDの場合、営業総利益率）は、2018年3月期：5.6％→2019年3月期：6.8％と、1.2ポイントも改善しています。値上げ政策の効果が大きかったといえます。

　値上げによる売上総利益率の改善が実現した背景には、就業管理強化の機運の高まりがありました（016参照）。

　賃金や労務管理の適正化が要請される中で、ヤマトHD自身も、値上げ実施に先立つ2017年6月に、未払い残業代を230億円計上すると発表しました。就業管理の適正化を公表して進めた上で、値上げ政策に踏み切ったわけです。

経営指標の推移

(％)

(年/月期)	15/3	16/3	17/3	18/3	19/3
売上原価率	92.4	92.2	94.5	94.4	93.2
売上総利益率	7.6	7.8	5.5	5.6	6.8
販管費率	2.7	2.9	3.2	3.3	3.3
営業利益率	4.9	4.8	2.4	2.3	3.6

021

営業利益は
本業で稼いだ利益

営業利益は、「売上高から直接経費と間接経費である販売管理費を差し引いた利益」です。

売上高に占める営業利益の割合を営業利益率と呼びます（018 参照）。売上高営業利益率ともいいます。

営業利益率は、高い方がよく、この財務指標が高ければ、収益性の高い企業であるといえます。

営業利益率の改善を考える上で、費用を分解する2つのやり方を知っておきましょう。1つは売上原価と販売管理費に分解する方法、もう1つは変動費と固定費に分解する方法です。

▶ 2つのコスト(費用)分解アプローチ：

❶ 売上原価（製造活動に使った材料費、人件費など）
　販売管理費（販売手数料、広告宣伝費、人件費、通信費など）

❷ 変動費（原材料費や仕入原価、販売手数料など）
　固定費（人件費、減価償却費、広告宣伝費、地代家賃など）

❶の売上原価と販売管理費に分けるアプローチを取った場合、

▶ **営業利益 = 売上高 − 売上原価 − 販売管理費**

ですから、売上原価(直接経費)と販売管理費(間接経費)のいずれかの費用を削減すれば、営業利益は増加し、営業利益率は高くなります。

言い換えれば、売上原価率と販管費率(式はともに012参照)を引き下げればよいわけです。

製造業の場合、売上原価率を下げるには、生産活動のコスト削減が必要です。たとえば、調達先への値下げ要請です。原材料費を削減するため、従来、1社だけから仕入れていたところを複数社からの仕入れに切り替え、値段の高い仕入先には値下げを要請する、といった具合です。

販管費率を下げるには、販売・管理活動のコスト削減を考えます。たとえば、広告宣伝費を抑制する、販売拠点を統合する、などです。

❷の変動費と固定費に分解するアプローチからはどのようなことがわかるでしょうか。

変動費とは、「売上高の増減と共に変動する費用」です。可変費とも呼ばれます。固定費とは、「売上高の増減にかかわらず発生する一定額の費用」です。

▶ **営業利益 = 売上高 − 変動費 − 固定費**

このアプローチで営業利益率の改善策を考える場合には、固定費をいかに減らせるかが決め手になります。

固定費は売上高の増減にかかわらず、継続的に発生するコストです。これを減らすことができれば、たとえ売上高が増えな

い中でも、営業利益を確保できる財務構造に変わります。

　たとえば、経営統合したメーカーの場合、生産活動が重複した2つの工場を1つの工場に集約すれば、工場の建物や機械装置の減価償却費、人件費などの固定費を削減することが可能です。販売拠点も統合を進めれば、販売拠点の建物の減価償却費や人件費などの固定費を削減できます。

　売上高に占める変動費の割合を変動比率といいます。

▶ 変動比率 ＝ $\dfrac{変動費}{売上高}$ × 100（％）

　変動費と固定費とに分けて考える財務分析は損益分岐点分析（CVP分析）と呼ばれます。詳しくは第7章で取り上げます。

022

ケース05 コマツ
売上増が寄与した好決算

好調な営業利益をあげた例として、大手建設機械メーカーのコマツの決算を取り上げ、その要因をみてみましょう。

コマツは、建設機械では国内シェア首位、世界では米国のキャタピラーに次ぐ機械メーカーです。

2019年4月26日にコマツが発表した2019年3月期決算は、売上高2兆7,252億円（前期比9％増）、営業利益3,978億円（同48％増）と、ともに過去最高を更新しました。

業績推移

その背景を会社側がアナリスト向けに実施した決算説明会の資料をもとに探ってみます。

コマツの決算説明会資料では、主力の建設機械・車両事業の**セグメント利益（営業利益）の増減要因分析**を掲載しています（セグメント分析については 075 参照）。**増減要因分析とは、「どのような要因で増えたか、または減ったかを要因分解して示すこと」**です。

建設機械・車両事業の主な増益要因のうち、最も大きかったのが鉱山機械を扱う子会社の業績で、587億円もの増益要因となっています。そのほか「物量差・構成差他」、すなわち販売数量が増えたことや製品ミックスの改善による増収効果が199億円、「販売価格差」、すなわち値上げなどの効果が246億円とされています。

世界各地で旺盛な資源開発が進んでいることが、2019年3月期の鉱山機械の売上増加に大きく寄与しました。半面、建設機械・車両事業全体では、中国市場において直近では需要減少がみられます。

利益を増やすには、売上高の増加やコストの削減が必要だと述べましたが、コマツの場合は**鉱山機械の売上拡大が大きく寄与した形の決算**となりました。

023

経常利益は本業以外の稼ぎを加えた利益

経常利益は、「本業以外の稼ぎを加えた利益」です。「経常利益＝営業利益＋営業外収益－営業外費用」で求めることができます。次のように表すこともできます。

▶経常利益＝売上高－売上原価－販売管理費
　　　　　＋営業外収益－営業外費用

売上高に占める経常利益の割合を経常利益率と呼びます。売上高経常利益率ともいいます。

▶経常利益率 $= \dfrac{経常利益}{売上高} \times 100$ （％）

経常利益をみる時には、本業以外の稼ぎ、すなわち営業外損益を踏まえて考えます。営業外損益とは、営業外収益－営業外費用のことです。

営業外収益の主な項目は、受取利息、受取配当金、為替差益、引当金の戻し入れ、雑収入などです。営業外費用は、「本業以外で使った経費」で、支払利息などがこれに当たります（008参照）。

営業外損益の中で特に注意したいのは次の3点です。

①**為替動向**：

為替レートが円安ドル高に動いた場合、ドル建ての資産は日本円に換算すると、為替差益が生じます。

たとえば部品1個1ドルで米国に輸出している企業があるとしましょう。この企業の売掛債権（資産の一項目）はドル建てですから、製品の輸出時に1ドル100円だった為替レートが、代金決済時に1ドル110円の円安ドル高になった場合、この企業には10円の為替差益が生じます。

逆に円高ドル安になった場合には、為替差損が発生します。為替差益・差損で業績がブレるのを防ぐため、実務上、企業は為替の先物予約（決済時のレートをあらかじめ決めておくこと）を用いることがあります。

なお、為替変動は売上高と営業利益にも影響しますが、詳しくは第7章で説明します。

②**支払利息**：

借入金が多い企業は、支払利息も多くなります。無借金の企業と比べると、経常利益率に差が生じやすくなります。

③**持分法投資損益**：

持分法投資損益とは、「**持分法適用会社**から上がる損益」です。持分法適用会社とは、子会社よりも出資比率の低い会社です。詳しくは 024 で説明します。本業が好調で営業利益がよい企業の場合であっても、持分法適用会社の業績が急速に悪化するような事態が生じている場合には、経常利益がダメージを受けるので、注意が必要です。

子会社と持分法適用会社との違いは？

　損益計算書を分析する上で知っておきたいグループの概念として、子会社と持分法適用会社があります。

　子会社とは、親会社の連結対象になる会社のことです。連結子会社と呼ばれます。

　持分法適用会社は、持分法の適用対象となる会社のことです。一般的には関連会社とも呼ばれます。

▶ **子会社**：

　親会社の連結対象になる会社のこと。連結子会社。孫会社もこれに含まれます。

▶ **持分法適用会社**：

　持分法の適用対象となる会社のこと。関連会社。

　子会社は出資比率50％超が基本的な要件です。出資比率が100％の子会社は完全子会社といいます。子会社の子会社は孫会社と呼ばれますが、法的には孫会社も子会社です。

　持分法適用会社の出資比率は原則、20％以上50％以下です。ただし、出資比率が15％以上20％未満でも、投資会社が被投資会社に対して代表取締役等の派遣や重要な融資、技術提供、

販売・仕入れ、その他の営業上または事業上の取引等を行っている場合は適用対象です。

連結決算において子会社は、売上高や営業利益が連結対象になります。親会社との内部取引を相殺して加算されます。本業に組み入れることになるので、営業利益段階での変動要因になります。

子会社に不測の事態が生じた場合は、特別損益に影響します（当期純利益段階）。

一方、持分法適用会社の収益は、営業外損益に持分法投資損益として計上されます。本業外の扱いになるので、経常利益段階での変動要因になります。黒字の場合は持分法投資利益、赤字の場合は持分法投資損失という項目になります。

子会社と持分法適用会社が、連結決算の利益のどの段階の変動要因となるか、下記にまとめました。

▶ **子会社**：
　営業利益段階の変動要因になります。不測の事態に陥った場合は特別損益になり、当期純利益段階の変動要因になります。

▶ **持分法適用会社**：
　持分法投資損益という項目で表記され、経常利益段階の変動要因になります。

子会社と持分法適用会社の違いを実例でみてみましょう。

2018年10月に油圧機器メーカー・KYBの免震・制震装置の検査データ改ざんが発覚しましたが、光陽精機という会社でも、ほぼ同時期に免震装置のデータ改ざんが発覚しました。こ

の会社は、川金ホールディングス（以下、川金HD）という上場企業の70％出資の子会社です。従って、データ改ざんに伴う損失額は、川金HDの営業損益、ないしは突発的な事態の扱いであれば、特別損益（当期純利益段階）に損失額が影響します。川金HDは、2019年3月期決算で21億8,200万円もの関連の特別損失を計上しました。

一方、光陽精機の残り30％の出資先は加藤製作所という上場企業です。加藤製作所にとっては、光陽精機は連結対象ではなく、営業外損益で持分法投資損益として、経常利益段階で影響します。加藤製作所は2019年3月期決算で5,900万円の持分法による投資損失を営業外費用に計上しました。

同じ会社の影響額でも、出資比率に応じて利益のどの段階で影響するかが異なります。

ケース06 川崎汽船

海運大手3社共同設立のONEの持分法投資損失が拡大

　持分法投資損益の例として、川崎汽船の決算をみてみましょう。

　川崎汽船の2019年3月期業績は、売上高8,367億円（前年同期比28％減）、経常損失489億円（前年同期は経常利益19億円）と経常赤字転落となりました。損失が大幅に拡大している要因の1つは、持分法投資損失が2018年3月期：46億円→2019年3月期：188億円と拡大したことです。

　2017年7月に日本郵船、川崎汽船、商船三井の海運大手3

業績推移

社はコンテナ船事業を統合し、オーシャン ネットワーク エクスプレス（ONE）を共同で設立しました。厳しい海運市況を乗り切ることを狙いとした競合企業が一体となった取り組みで、ONEは2018年4月より定期コンテナ船事業を開始しました。

3社の出資比率は、日本郵船38％、川崎汽船31％、商船三井31％です。川崎汽船の場合は31％なので、ONEは持分法適用会社となります。子会社であれば本業に類する事業として、営業利益段階で影響が生じますが、持分法適用会社なので経常利益段階で影響が生じることになります。

このように経営再建を目的として共同会社を設立し、持分法適用会社化する取り組みは他にも例があります。たとえば、繊維機械メーカーであるTMTマシナリーという会社は、2002年4月に東レエンジニアリング、村田機械、ナブテスコ（当時は帝人製機）の3社の共同出資による設立です。合成繊維機械では世界シェア4割を有しています。

高品質の金属チタンで世界首位の大阪チタニウムテクノロジーズは、日本製鉄と神戸製鋼所が共同出資する持分法適用会社です。2社それぞれ、23.91％を出資しています。

このほか、総合商社はさまざまな事業分野に投資・参画して収益をあげる戦略をとっているため、持分法投資損益が大きいことが特徴です。

当期純利益は
すべての費用を差し引いた最終的な利益

当期純利益は、「すべての費用を差し引いた最終的な利益」です。経常利益に特別利益・特別損失を加えて、税金を踏まえた最終利益です。

売上高に占める当期純利益の割合を当期純利益率と呼びます。売上高当期純利益率ともいいます。

▶ 当期純利益＝売上高−売上原価−販売管理費
　　　　　　＋営業外収益−営業外費用
　　　　　　＋特別利益−特別損失−法人税等

▶ 当期純利益率＝$\dfrac{当期純利益}{売上高} \times 100$（％）

特別利益は、「臨時（特別な事情）で稼いだお金」です。

特別利益の項目には、固定資産売却益（固定資産を売却して得た利益）、投資有価証券売却益（投資目的で保有する国債や有価証券を売却して得た利益）などがあります。

特別損失は、「臨時で使った経費」です。

固定資産売却損、投資有価証券売却損、災害損失などが該当します。決算書に出てくる税金は、法人税、住民税、事業税な

どです。

　当期純利益はさらに2つの項目に分かれています。

▶ **当期純利益の内訳：**
　❶ 非支配株主に帰属する当期純利益
　❷ 親会社株主に帰属する当期純利益

　❶の「非支配株主に帰属する当期純利益」とは、「当期純利益のうち、親会社以外の株主（非支配株主）に帰属する部分」です。

　❷の「親会社株主に帰属する当期純利益」とは、「当期純利益のうち、親会社株主に帰属する部分」です。

　❷は、当期純利益から❶を差し引いて求めることができます。

　読者のみなさんが財務分析をする時に注目すべきは、❷のほうです。

　上場企業の決算短信（決算書の1つ。092参照）の最初のページに出てくる当期純利益は、「親会社株主に帰属する当期純利益」というふうに掲載されています。

　当期純利益率や、ROE（自己資本利益率、第5章参照）を計算する際には、「親会社株主に帰属する当期純利益」が使われます。本書でも、利益率などの説明で用いる「当期純利益」は、「親会社株主に帰属する当期純利益」を指しています。

ニュース用語 03 災害
事業環境が一変するリスクも

ここでは、特別損失の例として、災害を取り上げます。特別損失とは、「臨時で使った経費」です。

国連国際防災戦略事務局（UNISDR）の報告書によると、1998〜2017年の20年間に自然災害によって発生した世界の経済損失額は、2兆9,080億ドル（約330兆円）に上ります。その前の20年間に比べると、2.2倍に増加したそうです。

国別の経済損失では、第1位は米国で9,448億ドル。2005年8月のカトリーナ、2017年8月のハービー、イルマなどの大型ハリケーンによる被害が甚大でした。

第2位は、2008年5月の四川大地震などに見舞われた中国（4,922億ドル）。第3位は2011年3月の東日本大震災などに見舞われた日本（3,763億ドル）でした。

日本では、東日本大震災の発生以降も、2016年4月の熊本地震、平成29年7月九州北部豪雨など、大きな災害が続いています。

2018年も大地震や豪雨災害の年でした。6月には大阪府北部地震（最大震度6弱）、7月には西日本豪雨（平成30年7月豪雨）、9月には北海道胆振東部地震（最大震度7）がありました。

1998～2017年における災害の影響

順位	国名	経済損失額	主な災害	発生時期
1	米国	9,448億ドル	大型ハリケーン（ハービー、イルマ）	2017年8月～9月
2	中国	4,922億ドル	四川大地震	2008年5月
3	日本	3,763億ドル	東日本大震災	2011年3月
世界全体		2兆9,080億ドル		

（出所）国連国際防災戦略事務局（UNISDR）。

　グローバル展開している企業は、海外の災害とも無縁ではありません。2017年8～9月の米国のハリケーンは、農業機械メーカーには需要減をもたらすできごとだったことでしょう。

　日本の会計基準の下では、建物や機械設備など有形固定資産の損失や壊れた物の除去作業の費用を、災害損失という項目で特別損失に計上するケースがみられます。

　企業が被災した場合、損害額や復旧にかかる時間など、適切な情報開示をする必要があります。都合のよい情報だけしか開示しないといった対応は、ステークホルダーの不信感を招きます。

　企業業績の先行きを考える上では、被害から立ち直るための復興需要にはどのようなものがあり、どのくらいの規模になるかを知ることも重要です。建設需要が拡大するのは想像に難くありませんが、それ以外にも新たな需要が生まれてきます。

　たとえば、東日本大震災が発生した後は、津波による被害を防ぐため、防波堤の整備の必要性が高まりました。これにより、防波堤の基礎工事を行う杭打機の需要が拡大しています。

028

ケース07 JR西日本
西日本豪雨で損失計上

　災害関連の特別損失の例として、西日本の大手鉄道会社・JR西日本の決算をみてみましょう。

　JR西日本の2019年3月期業績は、売上高1兆5,293億円（前期比2％増）、営業利益1,969億円（同3％増）と増収営業増益になりました。増収営業増益ながら、親会社株主に帰属する当期純利益は1,027億円（同7％減）と減益になりました。災害関連の損失を225億円、特別損失として計上したためです。

　2019年3月期の1年間は、大阪府北部地震（2018年6月）、

業績推移

西日本豪雨（平成30年7月豪雨）、台風21号（9月）、台風24号（9月）と、立て続けに災害が起きました。JR西日本ではそのたびに、早めの運休措置を採るなどの対策を講じました。そうした災害関連の復旧・修繕費用がのし掛かった格好です。

　コカ・コーラボトラーズジャパンホールディングスは、広島県三原市の本郷工場と隣接の物流拠点が浸水被害を受け操業を停止し、これらの費用計84億円の特別損失を2018年12月期に計上すると2018年10月に発表しました。2018年12月期通期決算で会計基準を日本基準からIFRS（国際財務報告基準）に変更したため、特別損失の項目そのものがなくなっていますが、損失が生じる事態が発生したことに変わりはありません。

　大手自動車メーカーのマツダも、西日本豪雨の損失額が概算で280億円となり、2019年3月期は営業減益となりました。宇品第1工場、第2工場（広島県広島市）、防府第1、第2工場（山口県防府市）が操業を一時停止したことなどによるものです。マツダの場合、操業停止による機会損失のため、営業利益面での話も推計されていますが、通常は、災害損失は、特別損失に関連した費用計上が多いです。

029

受注高と受注残高から業績の先行きがわかる

受注高は売上高の予想値であるといえるでしょう。

▶ **売上高**：
一定期間に本業のモノやサービスで稼いだおカネ。
「現在の状況」すなわち「顧客へ売り上げた段階」の状況を表します。

▶ **受注高**：
一定期間に請け負った仕事の金額。
「先行きの状況」すなわち「顧客と契約した段階」の状況を表します。

比較的金額の大きなものを扱う業界では、顧客と契約してから実際に売り上げるまでの間にはリードタイムがあります（009参照）。その長さは、業界によって、あるいは同じ会社でも製品・サービスによって異なります。

売上高と受注高という2つの指標が得られる場合、その比較をすると先行きがわかります。受注高を売上高で割ったBBレシオ（Book-to-Bill Ratio）の答えが1を超えていれば先行きの仕事量が増えていて景気は上向き、1を割り込んでいれば先行

きの仕事が減っていて景気は下降気味、と解釈できます。

▶BBレシオ ＝ $\dfrac{受注高}{売上高}$

$1 < \dfrac{受注高}{売上高}$ → 好調　　$1 > \dfrac{受注高}{売上高}$ → 不調

次に受注残高について説明します。

▶**受注残高**：
　一定時点ですでに請け負っている仕事の金額合計。

リードタイムが長い業界の場合、受注残高は先行きを予想する上で非常に重要です。たとえば、航空機や造船など、リードタイムが1年を超えるような業界の場合、仮に今期の売上高が非常に大きかったとしても、今期の受注高が少ない場合（BBレシオが1を下回る場合）には受注残高は減少、言い換えれば手元に残っている仕事量は減っていることになり、先行きの見通しはそれほど明るくない、と考えることができます。

▶**受注残高と受注高、売上高の関係式**：
　前期末受注残高＋当期受注高－当期売上高
　＝当期末受注残高

前期から繰り越した受注残高に当期（今期）の受注高を加え、当期に売り上げたものを差し引けば、当期末に残っている受注残高が算出されます。
　売上高、受注高、受注残高それぞれを前年同期比で比較すれば、その会社の好・不調がより深くわかってきます。

ケース08 ファナック
受注動向の変化から今後の業績を予測

029 で学んだ内容をもとに、工作機械・産業用ロボット大手メーカーのファナックについて、受注高の推移から、業績の先行きを考えてみましょう。

図はファナックの売上高と受注高について、四半期ごとに前年同期比の伸び率を並べたものです。

これをみると、受注高が前年同期比でプラスになった次の四半期に売上高がプラスに転じ、受注高がマイナスになった次の四半期に売上高がマイナスに転じていることがわかります。

2017年3月期の第4四半期のみ同時にプラス転換していますが、それ以外では、2014年3月期の第3四半期に受注高がプラス転換、2016年3月期の第1四半期に受注高がマイナス転換、2019年3月期の第1四半期に受注高がマイナス転換した次の四半期にそれぞれ、売上高が同様に変化しています。

2019年3月期では、第1四半期決算の発表時は、米中貿易摩擦による関税措置の発動が懸念される状況にありました。2018年7月に米国政府により対中関税が発動され、2018年8月にはさらに追加関税が発動されたことで、中国国内の設備投資に手控えの動きが広がりました。第2四半期にはファナック

四半期別受注高及び売上高の前年同期比推移

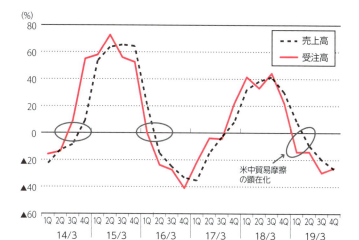

(出所) ファナック決算短信及び決算説明資料。

の受注高は大きく落ち込み、売上高も前年同期比でマイナスに転じました。

　リードタイムは会社ごとに、また製品・サービスごとに異なるため、すべての企業の受注高と売上高がファナックの例のようにきれいなトレンドを示すわけではありません。ただ、それらを時系列でみることは、業績の先行き判断に役立つことが多いでしょう。

第4章

貸借対照表(B/S)の左側は「おカネをどう使ったか」

資産の部は
3つの項目から構成

　貸借対照表（B/S）は、「一定時点（＝決算期末）の財政状態」を表しています。貸借対照表の左側の資産の部は、「資金をどう使っているか」という資金の運用を示します。右側の負債の部と純資産の部は「資金をどこから集めているか」という資金の調達を示します。ここまでは 003 のおさらいです。

　資産の部は、流動資産、固定資産、繰延資産の3つの項目に分かれています。順にみていきましょう。

　① 流動資産：

　　「1年以内に現金化・費用化できる資産」です。現預金、有価証券、売上債権、棚卸資産、その他の資産に大別されます。

　　　現預金とは、現金や預金です。有価証券とは、売買目的の有価証券や、1年以内に満期の到来する国債・地方債・社債などです。売上債権とは、本業の営業活動で販売し、代金を受け取れる権利です。棚卸資産とは、本業の営業活動に使う在庫のことです。製造業であれば製品在庫です。

　② 固定資産：

　　「企業が長期間保有、使用する資産」です。有形固定資産、

資産の部の構成

```
流動資産
  現預金
  有価証券
  売上債権
  棚卸資産
  その他の資産
固定資産
  有形固有資産
  無形固有資産
  投資その他の資産
繰延資産
  創立費
  開業費
  開発費
  株式交付費
  社債発行費
```

無形固定資産、投資その他の資産に大別されます。

有形固定資産とは、目にみえる資産で、建物や機械装置など、無形固定資産とは、目にみえない資産で、のれんや特許権などが該当します。

③繰延資産：

「対価の支払いや役務提供の効果が長期にわたり発現する支出」です。

本来的には費用であるため、創立費、開業費、開発費、株式交付費、社債発行費の5つに資産計上が限定されています。上場企業の場合、繰延資産をまず見かけません。多くの場合、起業したばかりの会社が計上します。

次節から、具体的にみていきましょう。

流動資産は1年以内に現金化・費用化ができるもの

流動資産は、「1年以内に現金化・費用化できる資産」です。表に沿って説明しましょう。

①現預金：

現金や預金です。通貨、金融機関などで発行される通貨代用証券、預金、貯金などです。

②有価証券：

売買目的の有価証券や、1年以内に満期の到来する国債・地方債・社債などです。

③売上債権：

「本業の営業活動で販売し、代金を受け取る権利」です。売掛金、受取手形、電子記録債権などが該当します。売掛金は、本業の取引から生じた未収のお金です。受取手形は、本業の取引で受け取った手形債権です。電子記録債権は、電子記録を要件とする債権です。

④棚卸資産：

「本業の営業活動に使う在庫」です。製造業であれば製品在庫です。商品、製品、半製品、仕掛品、原材料、貯蔵品などが該当します。

流動資産の構成

現預金	現金及び預金
有価証券	売買目的有価証券、1年以内満期の国債・地方債・社債
売上債権	売掛金、受取手形、電子記録債権
棚卸資産	商品、製品、半製品、仕掛品、原材料、貯蔵品
その他の資産	短期貸付金、未収入金など

商品は、製造せずに販売するものです。製品は、製造して販売するものです。半製品は、製造途中にある製品で、それ自体が販売可能な状態のものです。仕掛品は、製造途中にある製品で、完成しないとそれ自体では販売価値のないものです。貯蔵品は、消耗品です。

⑤その他の資産：

短期貸付金、未収入金などです。短期貸付金は、1年以内に期限の到来する貸付金です。未収入金は、土地や建物など、本業以外の取引から生じた未収のお金です。

現預金、有価証券、売上債権といった「短期間で換金可能な資産」を合わせて「当座資産」と呼びます。当座資産は、

▶当座資産＝現預金＋売上債権＋有価証券（－貸倒引当金）
（注）売上債権から貸倒引当金を控除します。

と計算されますが、短期貸付金など、「その他の資産」の中にも含まれていることがあるため、簡便法もあります。

▶簡便法：当座資産＝流動資産－棚卸資産

貸倒引当金は回収不能リスクに備えた見積もり

　売掛債権は、回収不能すなわち貸し倒れになる場合があります。企業は決算時に、過去の実績をもとに取引先の貸し倒れの金額を見積もります。この見積額が「貸倒引当金」です。

　貸倒引当金は、貸借対照表（B/S）でたとえば図のような格好で表示されます。貸倒引当金はこの図では流動資産の中で扱われていますが、投資その他の資産の中にもあります。

　貸倒引当金の表示方法は「科目別間接控除法」すなわち科目別に対象となった資産ごとに、資産から控除する形式で表示することが原則です。ただ、実務上は、手間を省くために「一括間接控除法」（流動資産または投資その他の資産から一括して

貸倒引当金の貸借対照表（B/S）での表示例

（百万円）

流動資産	
現金及び預金	18,500
受取手形及び売掛金	47,000
棚卸資産	34,500
その他	800
貸倒引当金	△3,800
流動資産合計	97,000

控除する形式で表示）を採用することが多いです。図もこの方法です。このほか「直接控除注記法」という方法もあります。

貸倒引当金は、「評価性引当金」の1つです。評価性引当金は、「特定の資産から控除される評価勘定としての性格を持つ引当金」です。

一方、製品保証引当金、賞与引当金、退職給付引当金、修繕引当金など、他の引当金は、「負債性引当金」であり、「独立の負債項目としての性格を持つ引当金」です。

貸倒引当金を計上する際には、「貸倒引当金繰入」という勘定科目を費用計上します。たとえば、1万円の貸倒引当金を設定する場合、次の仕訳をします。

　　貸倒引当金繰入　10,000　　　　貸倒引当金　10,000

反対に、すでに設定した貸倒引当金を取り崩す場合には、「貸倒引当金戻入」を収益に計上します。

　　貸倒引当金　10,000　　　　貸倒引当金戻入　10,000

貸倒引当金を設定していたものの、貸倒引当金を超えた損失が発生した場合には、貸倒損失を費用に計上します。反対に、貸し倒れが発生したものの、債権が回収できた場合には、償却債権取立益を収益に計上します。

貸倒引当金の計上方法は、「前期に計上した貸倒引当金は全額戻し入れ、改めて当期の貸倒見積額を全額繰り入れる」洗替法と、「前期との差額分だけ貸倒引当金を繰り入れる、または戻し入れる」差額補充法の2通りがあります。

棚卸資産の7つの評価方法

　棚卸資産には、7つの評価方法があります。①〜⑥は原価法、⑦は低価法と呼ばれます。これらの方法は選択が可能です。

①個別法：

　棚卸資産を受け入れた際にそれぞれの取得原価を個別に把握し、個々の棚卸資産を払い出すたびにその資産の実際の取得原価を払出単価とする方法です。期末評価額は、在庫として残っている資産の実際の取得原価になります。

　メリットは、商品ごとに実際にかかった金額で在庫管理ができることです。デメリットは、実際の仕入・払出をその通りに計算する方法のため、手間がかかることです。

②先入先出法：

　最も古く取得されたものから順次払い出しし、期末棚卸高は、新しく取得されたものからなるとみなして払出単価を計算する方法です。期末棚卸高は、期末の時価に近い金額になります。

　メリットは、計算上の仮定が実際のモノの流れと一致しやすいことです。デメリットは、物価変動が生じた場合に

影響を受けやすいこと。インフレ時には利益が多く計上され、デフレ時には利益が小さく計上される傾向があることです（かつては「後入先出法（あといれさきだしほう）」という方法もありましたが、現在は廃止されています）。

③移動平均法：

棚卸資産を受け入れるたびに、その時点の在庫分と取得した棚卸資産の取得原価を合算し、平均単価を計算し、次の棚卸資産の受け入れまでの間の払出単価として利用する方法です。

④総平均法：

期首の繰越額と期中に取得した棚卸資産の取得原価の合計額を期首棚卸高の数量と期中の受入数量の合計で割り、単位当たりの平均原価を払出単価とする方法。1カ月または1年をその単位とします。

　メリットは、計算がシンプルになることです。デメリットは、一定の期間を経過するまでは計算ができないことです。

⑤最終仕入原価法：

期末に最も近い日に取得した仕入単価を、期末棚卸資産の単価として計算する方法です。

　メリットは、とにかく計算が楽なことです。デメリットは、価格変動が大きい場合、実際の取得価額との誤差も大きくなることと、期末まで評価ができないことです。

⑥売価還元法：

異なる品目の資産を値入率の類似性によってグループに区分し、その上で期末棚卸を商品の売価で行い、これに原価

率を乗じて期末在庫高を算出するという方法です。取扱品の種類のきわめて多い小売業などにおける棚卸資産の評価で利用されます。

▶売価還元法の式：
期末在庫＝期末在庫棚卸高（売価）×原価率

▶原価率＝$\frac{（期首棚卸資産の取得価額＋当期仕入棚卸資産の取得価額）}{（期末棚卸資産の販売価額＋当期仕入棚卸資産の販売価額）}$

⑦低価法：

棚卸資産の期末時価が取得価額を下回ったことによる値下がり部分を損失計上した場合に、翌期首に戻入れ益を計上する方法です。

　棚卸資産の時価が回復した場合には、戻入れ益が計上されることになります。期間損益の適切な把握という点で、優れた評価方法といえます。

コラム1 棚卸資産はどこに出ているのか

　棚卸資産は、貸借対照表（B/S）の流動資産に「棚卸資産」としてそのまま金額が載っているケースと、そうでないケースがあります。

　実務上は、後者のケースの方が多いです。そうした場合、**棚卸資産は、商品及び製品、仕掛品、原材料及び貯蔵品**、といった勘定科目として掲載されています。そのため、棚卸資産を求める際には、それらを合計する必要があります。

　このことは、売上債権にもあてはまります。基本的には、**売上債権は受取手形及び売掛金**がそのまま該当しますが、**電子記録債権**がある場合には、これを合算する必要があります。

流動資産の表記（イメージ）（百万円）

	現金及び預金	11,000
売上債権 {	受取手形及び売掛金	13,000
	電子記録債権	2,500
棚卸資産 {	商品及び製品	7,000
	仕掛品	5,000
	原材料及び貯蔵品	6,000
	その他	1,000
	貸倒引当金	△ 100
	流動資産合計	45,400

流動比率、当座比率は短期の支払能力をみる安全性指標

流動資産の項目を一通り学んだところで、流動比率と当座比率をご紹介します。いずれも短期安全性分析の代表的な指標です。

まず流動比率は、短期的な支払い能力をみる安全性分析の財務指標です。1年以内に現金化できる流動資産がどの程度確保されているかをみます。

流動比率は流動資産を流動負債で割ることで求められます。流動負債とは、「1年以内に返済期限の到来する資金」です。

▶ 流動比率 $= \dfrac{\text{流動資産}}{\text{流動負債}} \times 100$ (%)

流動比率は、200%以上あることが理想とされ、少なくとも100%以上あることが必要です。

100%を下回っているということは、1年以内に返済期限の到来する資金を支払いきれないリスクが生じていることを意味するため、短期の資金繰りに窮している可能性があります。

企業の状況を流動比率よりもさらに厳しくみている指標が当座比率です。

流動比率の式の分子が当座資産に変わります。

▶ 当座比率 ＝ $\dfrac{当座資産}{流動負債}$ × 100（％）

▶ 当座資産＝現預金＋売上債権＋有価証券
▶ （簡便法）当座資産＝流動資産－棚卸資産
（注）売上債権から貸倒引当金を控除します。

当座資産は、短期間で換金可能な資産であるため、取引先の安全性を確かめるうえで要チェックの項目です。当座比率は、100％以上あるのが望ましいとされています。

当座比率の判断基準は流動比率と同じ100％ですが、当座資産の方が、流動資産から棚卸資産を減じている分、流動資産より小さいですから、流動比率よりも厳しくみているといえるわけです。

売上債権回転率は債権回収状況を、棚卸資産回転率は在庫状況をみる

　短期安全性分析に続いて、短期効率性分析の財務指標として、売上債権回転率と棚卸資産回転率をご紹介します。

　売上債権回転率は、売上債権の効率性を測る財務指標です。売上債権の回収状況も表しています。

▶ 売上債権回転率（回）$= \dfrac{売上高}{売上債権}$

（注）売上債権から貸倒引当金を控除します。

　売上債権回転率は高ければよく、売上債権の回収状況が良好であることを意味します。

　売上債権回転率と逆数の関係にある、売上債権回転期間という財務指標もあります。

▶ 売上債権回転期間（日）$= \dfrac{売上債権}{1日当たり平均売上高}$

$$= \dfrac{365日}{売上債権回転率}$$

売上債権回転期間は、売上債権を回収するのに要する日数（または月数）を表し、短い方が望ましいです。短い方が、早急に回収され現金化されていることを意味するからです。

　棚卸資産回転率は、棚卸資産の販売の速さを示す指標です。

▶棚卸資産回転率（回）＝ $\dfrac{売上高}{棚卸資産}$

　この財務指標が高いほど、棚卸資産の消化速度が速いといえます。また、在庫管理が適切であるかどうかもこの指標で判別できます。

　棚卸資産回転率と逆数の関係にある、棚卸資産回転期間という財務指標もあります。

▶棚卸資産回転期間（月）＝ $\dfrac{棚卸資産}{1カ月当たり平均売上高}$

$\qquad\qquad\qquad ＝ \dfrac{12（月）}{棚卸資産回転率}$

　棚卸資産回転期間は、棚卸資産が在庫として企業に滞留している月数（または日数）を表します。この財務指標は、短い方が望ましいといえます。理由は、数値が短ければ、在庫期間が短いことを表しており、商品が陳腐化するなどの損失のリスクが小さくなるためです。日数ベースの回転期間を計算する場合には、12（月）を 365（日）に置き換えて計算します。

　いずれも流動資産の効率性をみる財務指標ですので、知っておきたいところです。

ケース09 タカタ
当座比率に倒産の兆候が出ていた

　ここで、2017年6月に倒産した上場企業・タカタのケースで実際に財務分析をしてみましょう。

　タカタは、独立系の自動車部品メーカーで、シートベルトやチャイルドシート、エアバッグを製造していましたが、2017年6月26日に民事再生法の適用を申請し、倒産しました。負債総額は1兆5,000億円を超え、国内の大型倒産としては戦後で7番目、製造業では戦後最大規模です。

　タカタの2013年3月期から2017年3月期までの決算を分析してみましょう。収益性分析をみると、当期純利益率は、赤字の年もあるため、マイナスが目立ちます。一方、本業の収益性を表す営業利益率をみると、2013年3月期の3.5％に対して、2017年3月期は5.9％と、むしろ改善しています。コストを表す指標である売上原価率や販管費率も、5年間ではおおむね低下し、改善しています。

　このように、損益計算書（P/L）の収益性をチェックした限りでは、当期純損失が発生しているという問題点しか確認できません。

　しかし、短期効率性や短期安全性をチェックしてみると、経

収益性分析

(年/月期)	13/3	14/3	15/3	16/3	17/3
売上原価率（%）	83.1	83.8	83.8	82.8	82.3
売上総利益率（%）	16.9	16.2	16.2	17.2	17.7
販管費率（%）	13.4	11.5	11.1	11.3	11.8
営業利益率（%）	3.5	4.7	5.1	5.9	5.9
経常利益率（%）	4.1	4.6	6.3	4.9	6.5
当期純利益率（%）	▲5.1	2.0	▲4.6	▲1.8	▲12.0

短期効率性及び短期安全性分析

(年/月期)	13/3	14/3	15/3	16/3	17/3
棚卸資産回転率（回）	7.20	9.41	9.05	8.82	8.26
売上債権回転率（回）	4.79	5.08	5.20	6.20	5.42
流動比率（%）	172.38	180.16	134.87	127.95	93.63
当座比率（%）	116.33	124.61	84.54	72.60	57.79

営が悪化していく様子が明らかに見て取れます。特に大きく変化しているのは、短期安全性です。具体的には、流動比率と当座比率です。

　流動比率は、「200%以上」が理想で、「100%以上」が必要とされる、短期安全性分析の財務指標です。しかし、2013年3月期からの5年間で、この財務指標が急激に悪化しているのが読み取れます。倒産直前の2017年3月期では、100%を下回っており、短期資金に窮していることがうかがえます。

　当座比率もまた、「100%以上」が望ましいとされている財務指標です。しかし、倒産する2年も前の2015年3月期にすでに100%を下回っています。つまり、2015年3月期の段階で短期の資金繰りに窮していたことが、ここからわかります。

ニュース用語 04 倒産
法的整理、私的整理、銀行取引停止処分に大別

倒産には大きく分けて法的整理、私的整理、銀行取引停止処分の3つがあります。法的整理はさらに2つに分かれます。

▶ 清算型（＝事業を継続しない倒産）：
- ❶ 破産＝破産法に基づく法的手続き。事業を継続しない前提で、破産管財人が手続きを行います。
- ❷ 特別清算＝会社法の特別清算に基づく法的手続き。清算人が手続きを行います。

▶ 再建型（＝事業を継続する倒産）：
- ❶ 民事再生＝民事再生法に基づく法的手続き。事業を継続する前提で、再生債務者、すなわち倒産した企業自身が手続きを行います。
- ❷ 会社更生＝会社更生法に基づく法的手続き。事業を継続する前提で、更生管財人が手続きを行います。会社更生は、株式会社しか申請できません。

私的整理は、債権者・債務者間の合意による手続きです。法的根拠はありませんが、「私的整理に関するガイドライン」という、関係者間の調整手続きのガイドラインがあり、参考にさ

倒産の種類

種類			内容	根拠
法的整理	清算型	破産	破産法に基づく手続き	破産法
		特別清算	会社法の特別清算に基づく手続き	会社法
	再建型	民事再生	民事再生法に基づく手続き	民事再生法
		会社更生	会社更生法に基づく手続き	会社更生法
私的整理			債権者・債務者間の合意による手続き	私的整理に関するガイドラインなど
銀行取引停止処分			手形交換所加盟銀行が取引を停止すること	手形交換所規則

れています。

　これは経済団体連合会、全国銀行協会、全国地方銀行協会、全国信用金庫協会、全国信用組合中央協会などの金融界と産業界の代表、学者、弁護士、公認会計士、証券アナリストなどの学識経験者を委員とし、財務省、経済産業省、国土交通省、金融庁、日本銀行、預金保険機構の担当者をオブザーバーとする「私的整理に関するガイドライン研究会」により策定されたものです。

　銀行取引停止処分は、銀行をはじめ手形交換所に参加する金融機関が取引を停止することです。手形交換所規則に則って行います。**手形や小切手の不渡り（指定期日に決済できないこと）を同一手形交換所管内で6カ月以内に2回起こした場合に処分が下されます。**この処分を受けると、2年間にわたって、手形交換所の参加金融機関との当座取引や貸出取引ができなくなるため、事実上の倒産とみなされています。

039

固定資産と繰延資産

固定資産は、「企業が1年を超えて長期間保有、使用する資産」です。固定資産は、有形固定資産、無形固定資産、投資その他の資産の3つに大別されます。

①有形固定資産：

「目にみえるもので長期間保有、使用する資産」です。土地、建物、機械装置、車両運搬具などがあります。建設仮勘定とは、建物などの有形固定資産の建設の際に、建設業者に支払った金銭など、工事の完成までに要するすべての支出を集計するための項目です。

②無形固定資産：

「目にみえないもので長期間保有、使用する資産」です。のれん、特許権、商標権、ソフトウェアなどがあります。のれんとは、「買収企業の時価評価純資産と買収価額との差額」です。企業買収の際に発生するもので、超過収益力に対する対価になります。逆に、買収価額の方が上回っている場合、負ののれんを計上します。特許権は、技術的発明を独占的に利用できる権利です。商標権は、文字や図

形など、商品やサービスの識別標識を独占的に使用する権利です。

③ 投資その他の資産：

投資有価証券、長期貸付金などがあります。投資有価証券は、「売買目的有価証券及び1年以内に満期の到来する国債・地方債・社債以外の有価証券」です。企業の持ち合い株式や、関連会社の株式のほか、満期までの期間が1年以上の債券、市場での価格がない有価証券などが該当します。長期貸付金は、1年以上の期限がある貸付金です。

繰延資産は、「対価の支払いや役務提供の効果が長期にわたり発現する支出」です。

本来的には費用であるため、創立費、開業費、開発費、株式交付費、社債発行費の5つに資産計上が限定されています。上場企業の場合、繰延資産はまず見かけません。多くは起業したばかりの会社が計上します。

創立費は会社成立の時から5年以内の償却が求められるなど、繰延資産の各項目には償却期限に関するルールがあります。

繰延資産の項目

創立費	定款作成費用、株式募集の広告費など会社負担の設立費用
開業費	土地、建物などの賃借料、広告宣伝費など開業準備に支出した費用
開発費	新技術または新経営組織の採用、資源開発、新市場開拓などに支出した費用
株式交付費	株式交付のために直接支出した費用
社債発行費	社債発行のために直接支出した費用

減価償却の2方法 定額法と定率法

　減価償却費は 013 の売上原価の説明にも出てきましたが、ここではもう少し詳しく取り上げます。

　固定資産は、土地と建設仮勘定以外は、使用や時の経過によって劣化し、次第に価値が減少していきます。このため、決算時に固定資産の取得価額を、使用する各期間に費用として計上します。これを「減価償却」といいます。減価償却によって生じる費用を「減価償却費」といいます。

　減価償却の代表的な方法には、定額法と定率法があります。

▶ 定額法：

　毎年均等額の減価償却費を計上できる方法。期間が経過しても、毎期の減価償却費は一定。固定資産の取得に要した取得原価を固定資産の使用可能年数である耐用年数で割ったものです。

▶ 定額法による1年当たりの減価償却費

$$= \frac{\text{取得価額}}{\text{耐用年数}} = \text{取得価額} \times \text{年償却率}$$

▶ **定率法**：

固定資産の帳簿価額に毎期一定の償却率を乗じて、減価償却費を計上する方法。期間の経過に伴い、毎期の減価償却費は徐々に減っていきます。帳簿価額とは、取得原価から、減価償却累計額（減価償却費の合計額）を減じたものです。

▶ **定率法による1年当たりの減価償却費**
＝帳簿価額×年償却率
＝（取得価額－減価償却累計額）×年償却率

　定額法と定率法のどちらを採用するかによって、毎年の減価償却費の額は異なります。定額法は毎期一定額の償却をするため、その固定資産を使用している期間の償却額は一定です。一方、定率法は毎年、減価償却累計額を差し引いて償却率をかけていくため、使用期間の初期は費用が多くかかり、徐々に減っていきます。年償却率は、国税庁によって決められています。

　なお、無形固定資産や繰延資産では、多くの場合、定額法による均等償却が用いられています。

定額法と定率法の違いのイメージ

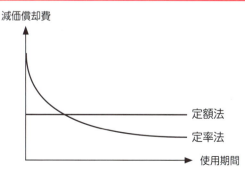

ケース10 西尾レントオール

償却方法を定額法に変更し増益転換

　ここで、減価償却費の計上方法が利益にどう影響するかを示す例として、西尾レントオールを取り上げましょう。

　西尾レントオールは、近畿地方を地盤とした建設機械のレンタル会社です。

　2011年3月に東日本大震災が起きて以降、防災意識の高まりから、東北地方のみならず全国各地で建設需要が拡大しています。加えて、2020年の東京オリンピックをにらんで、関東地方を中心とした都市部の再開発も進んでいます。

業績推移

減価償却費と営業利益の伸び率

(年/月期)	14/9	15/9	16/9	17/9	18/9
減価償却費（億円）	144	177	198	218	200
営業利益の伸び率	51.2%	▲7.7%	▲8.9%	▲5.8%	32.8%

このような事業環境から、西尾レントオールの売上高は、グラフに示したように継続的に拡大しています。一方、営業利益はといえば、2014年9月期の140億円をピークとして、2017年9月期まで減益が続いていました。

毎期増収にもかかわらず、3年にわたって減益が続いた要因は、国内の建設需要の高まりに備えて、設備投資を積極化したためです。

建機レンタルという業態は、多くの建機レンタル資産を所有し、それを顧客に貸し出して使ってもらうことで、初めて売上高が拡大します。しかし、多額の設備投資を行えば、同時に減価償却費の負担が増加します。

西尾レントオールは、償却方法として定率法を採用していました。定率法の場合、固定資産の使用期間の初期の償却額が大きくなります。そのため、多額の設備投資を行った場合、すぐに償却額が利益を大きく圧迫します。

そこで、2018年9月期より、減価償却費の計上方法を定率法から定額法に切り替えました。その結果、2018年9月期も設備投資を拡大させた中でも減価償却費は減少し、売上高は拡大を続けたため、営業増益に転じました。

このように、定額法か定率法かの選択は、利益に大きな影響を及ぼすのです。

ニュース用語 05 不適切会計

財務分析で東芝の真の姿がわかる

　東芝は日本を代表する総合電機メーカーですが、2015年5月8日に、過去に不適切な会計処理が行われたとして、2015年3月期決算の公表を6月以降に延期すると発表しました。結局、2009年3月期から2015年3月期までで、計1,500億円を超える利益を水増しする粉飾決算を行っていたことが明らかになりました。

収益性分析

(年/月期)	10/3	11/3	12/3	13/3
売上原価率（％）	77.6	76.2	77.2	77.1
売上総利益率（％）	22.4	23.8	22.8	22.9
販管費率（％）	21.3	19.9	20.9	21.3
営業利益率（％）	1.2	3.9	1.9	1.6
税引前利益率（％）	▲0.2	3.2	1.0	1.3
当期純利益率（％）	▲0.9	2.5	0.1	0.2

短期効率性及び短期安全性分析

(年/月期)	10/3	11/3	12/3	13/3
棚卸資産回転率（回）	7.76	7.36	7.02	6.09
売上債権回転率（回）	5.21	5.63	4.62	4.20
流動比率（％）	108.08	109.97	109.37	108.37
当座比率（％）	77.17	76.55	78.17	75.59

その後、2018年6月には分社化した半導体事業（東芝メモリ）を売却するなど、経営資源の選択と集中を推し進めました。
　そもそも、このような経営危機を迎えた背景は、2008年9月のリーマンショックによる急速な景気後退と、2006年2月に54億ドル（約6,210億円）もの巨額資金を投じて、米国の原子炉技術大手・ウエスチングハウス・エレクトリック・カンパニー（WE）を買収したことにあると筆者はみています。さらに2011年3月に東京電力・福島第一原子力発電所の事故が起きて以降、原子力発電を取り巻く事業環境が劇的に悪化しました。
　このような状況の下、東芝は目先の利益追求へと傾いていき、経営トップが社内カンパニーや子会社の幹部に対して、「チャレンジ」という呼び名で予算や損益改善を過剰に厳しく要求していたとされています。最後は経営トップが関与して 不適切

14/3	15/3	16/3	17/3	18/3	19/3
75.0	76.9	85.4	75.0	75.6	75.4
25.0	23.1	14.6	25.0	24.4	24.6
21.1	20.0	23.0	23.0	22.3	23.4
4.0	3.1	▲9.4	2.0	2.2	1.0
2.8	2.6	▲7.7	1.1	2.1	0.3
0.9	▲0.6	▲8.9	▲23.9	20.4	27.4

14/3	15/3	16/3	17/3	18/3	19/3
7.33	6.71	7.78	8.08	8.40	7.88
4.36	4.58	4.77	4.06	4.08	3.64
115.55	114.69	118.71	100.66	147.23	161.51
83.18	83.39	98.16	82.24	127.91	136.55

会計」が継続的に行われる事態となりました。

　東芝がどのような状況に置かれていたのかを財務分析を通してみていきましょう。表に収益性分析と短期効率性分析、短期安全性分析の財務指標をまとめました。東芝は米国会計基準を採用しているため、表では、経常利益率のところは税引前利益率と記載しています。

　収益性分析からいくと、当期純利益率がマイナスの年があります。不適切会計が発覚した後の2016年3月期には、売上原価率が急速に悪化し、当期純利益率が大幅にマイナスになるなど、業績が大変厳しくなっています。

　収益性分析では、2015年5月の不適切会計の発表後に経営危機を迎えているのが見て取れますが、短期安全性指標の当座比率をみると、そもそも、2010年3月期から100%を下回っています。当座比率は、100%以上が望ましいとされている指標ですが、2018年3月期と2019年3月期を除いてすべて100%を下回る状況です。

　この状況をようやく脱したのが2018年3月期ですから、もともとそれまでの長期間、短期的な資金繰りに行き詰まっており、決算数値をよく見せなければならない状況にあったことが推測されます。

　当座比率は2018年3月期にようやく100%を上回ってきました。経営資源の選択と集中に取り組んだことで、やっと業績が落ち着きはじめたところでした。しかし、直近の2019年3月期では、中国の景気減速の影響を受けて、再び営業利益率は悪化しています。

負債の部は他人資本、純資産の部は自己資本

　第5章では、貸借対照表（B/S）の右側（貸方）である負債の部及び純資産の部をみていきます。

　負債の部及び純資産の部は、資金の調達を表します。負債の部は、債権者への返済義務を負う資本で、「他人資本」とも呼ばれます。純資産の部は、返済義務がない資本で、「自己資本」とも呼ばれます。

　負債の部は、流動負債と固定負債に分かれています。

負債の部及び純資産の部の構成

負債の部	流動負債 　仕入債務 　有利子負債 　その他	他人資本
	固定負債 　有利子負債 　その他	
純資産の部	純資産 　株主資本 　その他の包括利益累計額 　新株予約権等	自己資本

①流動負債：

「1年以内に返済義務のある負債」です。仕入債務、有利子負債、その他の3つに分かれます。

②固定負債：

「1年を超える返済義務のある負債」です。有利子負債、その他の2つに分かれます。

負債の部の中にある「有利子負債」とは、「利子を付けて返済しなければならない負債」です。1年以内に返済期限のあるものは流動負債、1年超の返済期限のあるものは固定負債に分かれます（127ページのコラム2参照）。

純資産は「返済義務のない資本」です。株主資本、その他の包括利益累計額、新株予約権等の3つに分かれます。

純資産の部には上記の3つの区分とは別に、「自己資本」という項目があります。

「自己資本」とは、「自社及び株主から調達する資本」です。

▶自己資本＝純資産－新株予約権－非支配株主持分

上記の自己資本を表す式は、先ほど述べた純資産の部の概念上の定義とは異なりますので、ご注意ください。まずは、これらの全体像がわかれば大丈夫です。次節からは、今出てきた項目を流動負債から順にみていきましょう。

流動負債は返済義務が1年以内の負債

流動負債は、具体的には次のようなもので構成されています。

①**仕入債務**：

「**本業の営業活動で仕入れて、未払いとなっている債務**」です。**買掛金**、**支払手形**、**電子記録債務**が該当します。

　買掛金は、本業の取引から生じた未払いのお金です。支払手形は、本業の取引で支払うべき手形債務です。電子記録債務とは、電子記録を必要とする債務です。

②**有利子負債**：

短期借入金、**コマーシャル・ペーパー**、**1年内返済予定の長期借入金**、**1年内償還予定の社債**、**リース債務**が該当。

　短期借入金とは、1年以内に返済期限が到来する借入金です。コマーシャル・ペーパーとは、企業が短期で資金調達するための、無担保の約束手形のことです。1年内返済予定の長期借入金とは、契約時には1年超の返済期限を定めたものが、1年以内の返済期限を迎えている状態です。1年内償還予定の社債とは、発行時には1年超を償還期限として発行したものが、1年以内の償還期限を迎えている状態です。リース債務は、ファイナンス・リース取引によ

り借り手が負う１年以内の支払義務です。

③その他：

未払金、未払費用、前受金、製品保証引当金、賞与引当金などが該当。未払金は、有価証券や固定資産の購入など、本業以外の取引から生じた未払額です。未払費用とは、保険料など、継続サービスを受ける際、対価をまだ支払っていない場合の未払分です。前受金は、商品やサービスを提供する前の時点で受け取った代金です。製品保証引当金とは、製品販売後に、無償保証契約や瑕疵担保責任などで翌期以降に一定期間発生する保証費用に備えて計上する引当金です。賞与引当金は、従業員への賞与の支払いに備えて設定する引当金です。

036 で資産の部の短期効率性分析の財務指標として、売上債権回転率と棚卸資産回転率を紹介しました。

負債の部でも短期効率性分析の財務指標として、仕入債務(買入債務) 回転率があります。仕入債務の支払速度を表し、高ければ支払速度が速く、低ければ遅いことを示します。仕入債務回転率の逆数の指標として、仕入債務回転期間があります。

▶仕入債務回転率 (回) $= \dfrac{\text{当期商品仕入高}}{\text{仕入債務}}$

▶仕入債務回転期間 (月) $= \dfrac{\text{仕入債務}}{１\text{カ月当たり平均仕入高}}$

$= \dfrac{\text{仕入債務}}{\text{当期商品仕入高} \div 12 (\text{月})} = \dfrac{12 (\text{月})}{\text{仕入債務回転率}}$

固定負債は返済義務が1年超の負債、安全性分析に関連

固定負債の中身は、有利子負債とその他に分けられます。

①**有利子負債**：

長期借入金や**社債**、**リース債務**が該当。長期借入金は、返済期限が1年超ある借入金です。社債は、会社が発行する償還期限が1年超ある債券です。リース債務は、ファイナンス・リース取引により借り手が負う1年超の支払義務です。**有利子負債は、流動負債に含まれるものと固定負債に含まれるものを合算**することで求められます。

▶ 有利子負債＝短期借入金＋コマーシャル・ペーパー
　　　　　　＋1年内返済予定の長期借入金
　　　　　　＋1年内償還予定の社債
　　　　　　＋リース債務（流動負債分）
　　　　　　＋長期借入金＋社債
　　　　　　＋リース債務（固定負債分）

②**その他**：

製品保証引当金、退職給付引当金、役員退職慰労引当金な

どが該当します。退職給付引当金とは、企業が従業員に対して将来支払う退職金や企業年金を見積もり、負債として計上する引当金です。役員退職慰労引当金とは、取締役や監査役が役員を退職する際に支払う退職金を見積もって、負債として計上する引当金です。

企業の長期安全性を分析する際、財務指標としては固定比率と固定長期適合率がよく使われます。

▶固定比率：

1年超の期間、運用される固定資産が、返済義務のない自己資本でどれくらいカバーされているかを表す財務指標です。自己資本とは、自社内部で調達した資金です。固定比率は、低いほど、財務的に安定的な設備投資がなされていることを示しています。

▶ 固定比率 ＝ $\dfrac{固定資産}{自己資本}$ × 100（％）

▶固定長期適合率：

1年超の期間、運用される固定資産が、長期資本（自己資本と固定負債）でどれくらいカバーされているかを表す財務指標です。固定長期適合率は、固定比率と同様、低いほど、財務的に安定的な設備投資がなされていることを示しています。また、数値が100％以下であることが必要とされています。

▶ 固定長期適合率 ＝ $\dfrac{固定資産}{（自己資本＋固定負債）}$ × 100（％）

純資産の部は
返済義務のない資本

純資産の部の中身は、3つに分けられます。

①**株主資本**：

株主資本とは、「株主が出資をした部分（払込資本）」と、「払込資本を元手に会社が増やした部分（留保利益）」から構成される、**返済義務のない資本**です。**資本金、資本剰余金、利益剰余金、自己株式**が該当します。資本金と資本剰余金は、払込資本に区分されます。利益剰余金は留保利益です。自己株式は払込資本から控除されるものです。

資本金は、会社設立時や株式発行時に株主が払い込みを行った金額です。資本剰余金は、株式発行や株式交換などの資本取引で生じた剰余金です。資本準備金とその他資本剰余金に分類されます。株主が払い込みを行った金額のうち、2分の1を超えない額は、資本金に組み入れず、資本準備金とすることができます。

利益剰余金は、企業が獲得した利益のうち、分配されずに企業内に蓄積されたものです。自己株式とは、企業が保有している自社の発行済株式です。金庫株ともいわれます。

企業が自己株式を取得することは、実質的には、資本の払い戻しになるため、株主資本の算定にあたっては、控除項目として表示されます。

②**その他の包括利益累計額**：

為替換算調整勘定、土地再評価差額金などが該当します。

為替換算調整勘定は、決算日に海外子会社の為替換算を行う際に発生する貸借差額を処理する勘定です。このような勘定を設けるのは、海外子会社の財務諸表を単一レートではなく、複数のレートで換算するためです。資産や負債は決算日の為替レートで換算しますが、純資産は、取引発生日の為替レートで換算するため、差額が生じます。

土地再評価差額金とは、「土地の再評価に関する法律」に従って、企業が事業用の土地を再評価した際に生じた取得原価と時価との差額です。

③**新株予約権等**：

新株予約権、非支配株主持分が該当します。新株予約権とは、株式を事前に定めた価格で取得できる権利です。非支配株主持分とは、子会社の資本のうち、親会社の持分以外の部分のことです。

非支配株主持分について補足しましょう。子会社の中には、親会社が議決権の100％までは有していない場合もあります。たとえば、親会社が90％の議決権を持つ子会社には、親会社のほかに、10％の議決権を持つ株主が存在します。この10％の議決権を持つ株主を「非支配株主」といい、この非支配株主の持分を非支配株主持分といいます。

自己資本、負債性引当金

047では、044から046までの説明と異なる角度から、「自己資本」と「負債性引当金」について解説します。

自己資本は、純資産の部の一項目で、「自社及び株主から調達する資本」です。次のように表すことができます。

▶ 自己資本＝純資産－新株予約権－非支配株主持分
　　　　　＝株主資本＋その他の包括利益累計額

自己資本は固定比率や自己資本比率などの財務指標の計算をする際に使いますので、覚えておくとよいでしょう。

次に、負債の部の補足として、負債性引当金について説明します。ただ、資産の部に計上される評価性引当金とセットでみたほうがわかりやすいので、表に沿って述べます。評価性引当金は将来、資産価値を引き下げるかもしれない損失に備える引

引当金の種類

引当金の種類	記載先	勘定科目の例
評価性引当金	資産の部	貸倒引当金、投資損失引当金
負債性引当金	負債の部	製品保証引当金、賞与引当金、退職給付引当金、修繕引当金など

当金です。貸倒引当金は 033 に出てきましたが、評価性引当金に分類され、資産の部に計上されます。評価性引当金には、投資損失引当金もあります。これは、関係会社（子会社及び関連会社）に対する投資の価値の低下による損失への備えです。投資額から引当金を控除して、投資の実質価値を表示します。投資損失引当金繰入額は、特別損失に計上されます。評価性引当金は、資産から控除する形で表示されます。

一方、**負債性引当金は、負債の部に独立項目として表示**されます。将来の支出に備える引当金です。たとえば、製品保証引当金、賞与引当金、退職給付引当金、修繕引当金などがあります。流動負債、固定負債それぞれに引当金が計上されます。

引当金の計上には、以下の4条件を満たす必要があります。それは①将来の特定の費用または損失である、②発生が当期以前の事象に起因している、③発生の可能性が高い、④金額を合理的に見積もることができることです。

引当金のうち、その年に負担する部分の金額については、その年の費用または損失として計上する必要があります。

計上の仕訳は、貸倒引当金と同じです。たとえば、1万円の製品保証引当金を計上する際には、「製品保証引当金繰入」という勘定科目を費用計上し、次の仕訳をします。

製品保証引当金繰入　10,000　　製品保証引当金　10,000

反対に、すでに設定した製品保証引当金を取り崩す場合には、製品保証引当金戻入を収益に計上します。

製品保証引当金　10,000　　製品保証引当金戻入　10,000

自己資本比率→高い、負債比率→低い、が安全

　建物や機械装置といった資産を買って会社を運営する場合、他人のお金と自分のお金のどちらで購入したほうがよいと思いますか？　直感的には自分のお金のほうがリスクが低そうですよね。

　ここでは、企業が他人資本と自己資本でどのように資金調達しているかを表す、資本調達構造分析についてお話しします。具体的には、自己資本比率と、負債比率、D/Eレシオを取り上げます。

▶ **自己資本比率：**

総資本に占める自己資本の割合を示す財務指標です。原則として高い方が安全性は高いといえます。自己資本は、返済義務がないためです。

　ただし、財務レバレッジ効果の観点では、収益面で必ずしも望ましいとはいえない場合があります。財務レバレッジ効果とは、負債を利用することによって収益や企業価値を向上させることですが、負債で資金調達した場合、税金を抑えることができるためです。

- **自己資本比率** $= \dfrac{\text{自己資本}}{\text{総資本（総資産）}} \times 100\ (\%)$

- **負債比率**：

  他人資本と自己資本のバランスをみるための財務指標です。原則として低い方が、安全性は高いです。負債は返済義務があるためです。

- **負債比率** $= \dfrac{\text{負債}}{\text{自己資本}} \times 100\ (\%)$

- **D/Eレシオ**（Debt Equity Ratio）：

  負債比率に近い概念で、計算の仕方は下記の通りです。D/Eレシオは、分子が有利子負債になっていることと、100%表示ではなく、「何倍」という表示であることが異なります。低い方が安全性は高いという点は同じで、1倍以下が望ましいです。

- **D/Eレシオ（倍）** $= \dfrac{\text{有利子負債}}{\text{自己資本}}$

これまで流動比率や固定比率といった、企業の支払い能力をみる安全性分析についてお話ししてきたので、その流れでもう1つの安全性分析指標として、インタレストカバレッジレシオをご紹介します。

- **インタレストカバレッジレシオ**：

  本業の利益と財務活動で稼いだ金融収益が、金融費用の何倍であるかを示す財務指標です。倍率が高いほど金利負担の支払能力が高く、財務的に余裕があることになります。

▶インタレストカバレッジレシオ（倍）

$$= \frac{事業利益}{金融費用} = \frac{(営業利益＋金融収益)}{金融費用}$$

インタレストカバレッジレシオの式に出てくる事業利益は、営業利益と金融収益で構成されます。金融収益は、受取利息、受取配当金、有価証券利息、持分法投資利益などです。金融費用は、支払利息、割引料、社債利息などです。

有利子負債はどこに出ているのか

　貸借対照表（B/S）には、有利子負債という項目はありません。**流動負債と固定負債それぞれから抽出して合計する**必要があります。

　流動負債の項目では、短期借入金やリース債務が該当します。このほか、コマーシャル・ペーパー、1年内返済予定の長期借入金、1年内償還予定の社債などの科目があれば、これも該当します。固定負債では、長期借入金やリース債務が該当します。社債があれば、これも該当します。

　仕入債務も同様で、支払手形及び買掛金がそのまま該当しますが、電子記録債務があればこれを合算します。

流動・固定負債の表記（イメージ）（百万円）

区分	科目	金額
仕入債務	支払手形及び買掛金	13,000
	電子記録債務	2,500
有利子負債	短期借入金	7,000
	リース債務	500
	未払金	13,000
	賞与引当金	100
	製品保証引当金	1,000
	その他	500
	流動負債合計	37,600
有利子負債	長期借入金	10,000
	リース債務	1,000
	退職給付に係る負債	3,000
	その他	500
	固定負債合計	14,500

総資産回転率は効率性分析の代表格

　企業がどれだけ効率的に活動しているかは、非常に重要なポイントです。ここまでで、049で売上債権回転率と棚卸資産回転率を、044で仕入債務回転率を取り上げました。あと3つ、ご紹介しましょう。

▶ **総資産回転率：**

　総資産（総資本）をどれくらい効率的に使って売上高を獲得しているかを表す財務指標です。効率性分析の代表格です。

　分母の総資産は、期中平均値（期首と期末の平均値）を使います。この指標が**高ければ、効率性の高い会社で、少ない元手で多くの売上高を獲得している**といえます。

　ただし、業種が異なる場合には、単純比較はできません。たとえば、小売業では総資産回転率は高くなり、製造業では総資産回転率は低くなる傾向があります。製造業は、生産設備を有しているためです。

▶ 総資産回転率（回）＝ $\dfrac{売上高}{総資産（総資本）}$

▶ **経営資本回転率：**

経営資本をどれくらい効率的に使って売上高を獲得しているかを表す財務指標です。経営資本とは、企業が本業に使用している資本です。流動資産と固定資産の合算値から、建設仮勘定と投資その他の資産を差し引くことで求めます。

　この指標が高ければ、経営資本を効率的に使っていることを表します。

▶ 経営資本回転率（回）＝ $\dfrac{売上高}{経営資本}$

▶ 経営資本＝流動資産＋固定資産－建設仮勘定
　　　　　－投資その他の資産

▶ **有形固定資産回転率：**

機械設備などの有形固定資産をどれくらい効率的に使って売上高を獲得しているかを表す財務指標です。

　この指標が高ければ、機械設備等の稼働率が高く、有効に使われていることを表します。

　なお、有形固定資産の中に建設仮勘定（未稼働の資産）がある場合、これを差し引いて計算します。また、有形固定資産の数値は、減価償却した後のものを使います。

▶ 有形固定資産回転率（回）＝ $\dfrac{売上高}{有形固定資産}$

ケース11 東洋エンジニアリング
財務指標が示す厳しい状況

　実際のケースで損益計算書と貸借対照表の見方を確認しましょう。東洋エンジニアリングは三井物産系の専業大手エンジニアリング会社です。化学メーカー（現・三井化学）のプラント部門が独立した経緯から、エチレンプラントや肥料プラントの建設を強みとしています。

　2015年3月期から2019年3月期の業績をみると、売上高は2017年3月期をピークに減少し、2018年3月期には多額の営業赤字に陥っています。原因は、規模の拡大に向けて売上至上主義に走った結果、受注獲得を焦って案件の選別がおざなりになったことだといわれています。特に海外案件が大きな損失を出したとされています。

　米国の化学プラントプロジェクトでつまずき、2018年3月期は268億円の最終赤字に転落してしまいます。2016年から建設を始めたこのプロジェクトは、工事初期から地盤の問題で杭打ちが難航しました。さらに、2017年8～9月に襲ったハリケーンの影響で、工事が遅れました。

　どう厳しいのかを財務指標でみてみましょう。2018年3月期は、営業利益以下がすべて赤字という厳しい決算でした。財

業績と財務指標の推移

(億円)

(年/月期)	15/3	16/3	17/3	18/3	19/3
売上高	3,114	2,998	4,319	3,356	2,949
営業利益	▲73	110	▲20	▲329	▲56
経常利益	▲252	38	16	▲278	34
当期純利益	▲209	30	14	▲268	▲8
売上原価率 (%)	94.47	89.82	96.30	103.73	96.39
売上総利益率 (%)	5.53	10.18	3.70	▲3.73	3.61
販管費率 (%)	7.89	6.48	4.16	6.09	5.51
営業利益率 (%)	▲2.36	3.70	▲0.47	▲9.82	▲1.90
流動比率 (%)	125.85	119.66	118.82	111.57	119.20
当座比率 (%)	90.14	87.42	90.47	87.30	94.87
固定比率 (%)	104.78	82.28	68.86	121.52	74.48
固定長期適合率 (%)	51.67	47.74	44.20	57.14	44.15
自己資本比率 (%)	17.16	15.84	16.17	9.97	15.12
負債比率 (%)	482.48	531.22	518.32	902.94	561.07
D/Eレシオ (倍)	0.71	0.64	0.62	1.23	0.90

務指標をみると、売上総利益率の段階で赤字に陥っています。直近の 2019 年 3 月期では、営業赤字は縮小しましたが、依然、赤字が残っています。短期安全性分析では、流動比率は 119％、当座比率は 94％と、2018 年 3 月期よりは多少改善しています。しかし、D/E レシオは 0.90 倍と、1 に近い水準です。自己資本比率は 15.12％と、2018 年 3 月期よりは改善しましたが、低い水準です。

東洋エンジニアリングはこのような厳しい状況を打開すべく、2018 年 11 月 28 日に投資ファンドのインテグラルに優先株を発行し、150 億円を資金調達すると発表しました。ファンドの支援を受けてどのように経営を立て直すのかが問われています。

ケース12 武田薬品工業
過去最大6.8兆円規模買収で財務状況は

　製薬の国内トップ、武田薬品工業の大きな転換点は、アイルランドの製薬大手シャイアーの買収です。2018年5月に460億ポンド（約6兆8,000億円）でのシャイアー買収を公表し、2019年1月に買収が完了しました。買収金額では、日本企業としては過去最大の海外M&Aです。連結売上高は3兆円を超え、世界8位の巨大製薬企業が誕生したことになります。

　買収により、研究開発の重点領域には、従来のがん、消化器、中枢神経の3つに加えて、成長分野であるワクチンと、シャイアーが強みを持つ希少疾患、血漿分画製剤（血液製剤）が加わることになります。

　買収に伴い、武田薬品は約7億7,030万株の新株を発行していますが、米格付け大手のS&Pグローバル・レーティングは2019年1月8日、武田薬品の長期発行体格付けを「シングルAマイナス」から「トリプルBプラス」に1段階引き下げたと発表しました。見通しは「ネガティブ」。シャイアー買収が同日完了したことを受け、有利子負債の増加で、悪化する財務指標の早期回復は見込めないとの判断を反映させたようです。

　財務指標をみると、買収の前後でD/Eレシオが最も大きく

業績と財務指標の推移

(億円)

(年/月期)	15/3	16/3	17/3	18/3	19/3
売上収益	17,778	18,073	17,320	17,705	20,972
営業利益	▲1,293	1,308	1,558	2,417	2,049
税引前利益	▲1,454	1,205	1,433	2,172	948
当期純利益	▲1,457	801	1,149	1,868	1,091
営業利益率（％）	▲7.27	7.24	9.00	13.66	9.77
税引前利益率（％）	▲8.18	6.67	8.28	12.27	4.52
当期純利益率（％）	▲8.20	4.44	6.64	10.56	5.20
流動比率（％）	149.49	160.26	92.25	146.28	121.50
当座比率（％）	123.69	130.63	75.70	117.40	82.20
固定比率（％）	129.90	125.74	162.93	151.58	209.74
固定長期適合率（％）	86.48	84.37	105.49	90.41	95.28
自己資本比率（％）	49.74	50.96	43.58	48.64	37.19
負債比率（％）	97.80	93.03	126.58	104.59	168.79
D/Eレシオ（倍）	0.34	0.39	0.60	0.49	1.11

変わっています。従来は0.3倍程度でしたが徐々に上昇し、2019年3月期決算時点では1.11倍と、1倍を超えました。これは、S&Pの懸念通りでしょう。自己資本比率は50％前後の水準から30％台まで低下しています。一方で、流動比率は200％以上が理想ですが、2019年3月期決算では120％台となっています。当座比率も100％以上が望ましいところ、82％まで低下しています。

　買収後にどれだけ多くの営業利益を得られるか。D/Eレシオをいかにして早く1倍以下に抑えていくかが当面の財務上の課題といえるでしょう。

ROEは株主の、ROAは全体の資本収益性をみる

これまでにお話しした売上高利益率に続いて、資本利益率を取り上げます。資本利益率は、売上高利益率と資本回転率からなります。資本回転率とは 049 で取り上げた、総資産回転率などの効率性分析指標をいいます。

資本利益率は、次のように式を分解して表すことができます。

▶収益性分析の体系：

❶資本利益率＝売上高利益率×資本回転率

❷ $\dfrac{利益}{資本} = \dfrac{利益}{売上高} \times \dfrac{売上高}{資本}$

資本利益率の代表として、ROEとROAがあります。

▶ROE（自己資本利益率、Return On Equity）：

株主が出資した資本でどれだけの利益を獲得したか、を表す財務指標です。高い方が望ましいです。

分子は当期純利益としていますが、計算上は、正確には「親会社株主に帰属する当期純利益」を使います。また、分母の自己資本は、原則として、期首（前期末）の値と期末の値の平均値を使います。平均値を使わずに同じ年度で

計算するのみのケースもあります。

▶ ROE ＝ $\dfrac{当期純利益}{自己資本}$ × 100（％）

▶ **ROA**（総資産利益率、Return On Assets）：
企業が総資産（総資本）を使って経営活動を行った結果、どれだけの当期純利益を獲得したかを表す財務指標です。高い方が望ましいです。

分子は、本書では当期純利益として統一しますが、ケースによっては、経常利益や事業利益などの異なる利益を使っている場合があります。分母の総資産は、原則として、期首（前期末）の値と期末の値の平均値を使います。平均値を使わずに同じ年度で計算するのみのケースもあります。

▶ ROA ＝ $\dfrac{当期純利益}{総資産}$ × 100（％）

　　　＝ $\left(\dfrac{当期純利益}{売上高}\right)$ × $\left(\dfrac{売上高}{総資産}\right)$ × 100（％）
　　　　　　↑　　　　　　　↑
　　　　当期純利益率　　　総資産回転率

（注）分子は、経常利益や事業利益など異なる利益を使う場合もある。

ROAは、当期純利益率と総資産回転率の2つの式に分解することができます。

ROEやROAは、資本利益率の代表格ですが、特にROEは株主の視点からみた投資効率であるため注目されます。ファイナンス理論を学ぶ際にも重要とされる概念です。

ROEの3分解 デュポンシステム

ROEは、3つの式に分解してとらえることができます。これを「デュポンシステム」と呼びます。

▶ デュポンシステム（ROEの3分解）：

$$ROE（自己資本利益率）= \frac{当期純利益}{自己資本} \times 100 (\%)$$

$$= \left(\frac{当期純利益}{売上高}\right) \times \left(\frac{売上高}{総資産}\right) \times \left(\frac{総資産}{自己資本}\right) \times 100 (\%)$$

　　　　↑　　　　　　　↑　　　　　　↑
　当期純利益率　　総資産回転率　　財務レバレッジ

デュポンシステムとは、1919年にアメリカの大手化学メーカー・デュポン社によって考案された財務管理システムです。

デュポン社は経営改善の目標をROEの向上にあるとし、そのためには、ROEの構成要素である当期純利益率、総資産回転率、財務レバレッジをそれぞれ改善しなければならないと考えました。

当期純利益率は「当期純利益／売上高」、総資産回転率は「売上高／総資産」、財務レバレッジは「総資産／自己資本」です。

それぞれ高い方が望ましいですが、**3分解することで、どの要素を改善すればよいかという要因分析をすることができます。** 3つを掛け合わせると、消去されて当期純利益／自己資本だけが残ります。

当期純利益率は ◁018▷ で、総資産回転率は ◁049▷ で紹介したので、ここでは財務レバレッジについて説明します。

▶ **財務レバレッジ：**
負債を梃子（レバレッジ）として使い、自己資本に対してどれだけの資産を作ったか、または事業規模を拡大したかを示す財務指標です。**負債をどれくらい有効活用しているか**を示しており、自己資本比率と逆数の関係にあります。この**倍率が高くなると、負債過多**となるため、注意が必要です。

▶ 財務レバレッジ（倍） = $\dfrac{総資産}{自己資本}$

▶ 自己資本比率 = $\dfrac{自己資本}{総資産} \times 100$ （%）

ROEとROAの関係式は、次のようになります。ROEは、ROAと財務レバレッジを掛けたものになります。これはROEの2分解とも呼ばれます。

▶ ROE = $\left(\dfrac{当期純利益}{総資産}\right) \times \left(\dfrac{総資産}{自己資本}\right) \times 100$ （%）

　　　　　　↑　　　　　　↑
　　　　　ROA　　　財務レバレッジ

ニュース用語 06 ROE経営

「伊藤レポート」で注目された資本効率重視の経営

ROE（自己資本利益率）を経営指標として重視する経営を「ROE経営」と呼びます。これが注目されたのは、2014年8月に公表された「伊藤レポート」がきっかけとされます。

伊藤レポートとは、経済産業省の「持続的成長への競争力とインセンティブ〜企業と投資家の望ましい関係構築〜」プロジェクトの最終報告書の通称です。座長の伊藤邦雄一橋大学教授（当時）の名前を取ってそう呼ばれるようになりました。

伊藤レポートは基本メッセージとして、①持続的成長の障害となる慣習やレガシーと決別する、②イノベーション創出と高収益性を同時実現するモデル国家を目指す、③株主資本コストを上回るROEを目標とする、など6点を挙げています。

ここで出てきた株主資本コストという概念は、株主の要求する収益率（期待収益率）です。会社側からみれば、株主に対しては配当やキャピタルゲイン（株式の値上がり益）といったコストが発生しているともいえます。

資金調達をする側からいえば「資本コスト」、その会社に投資する側からいえば「期待収益率」、それらは裏表の関係にあります。ROEの方が株主資本コストより高ければ、投資家の

期待以上の高収益を上げているといえます。株主資本コストはROEの比較対象、と覚えておきましょう。

　この報告書では、企業が投資家との対話を通じて資金を獲得し企業価値を高めていくことを想定し、それに向けた課題の分析と提言を行っています。特に、ROEの最低限の達成水準を8％と具体的に掲げたことが、実務界から大きな反響を呼びました。

　2017年10月には、伊藤レポートのアップデート版にあたる「伊藤レポート2.0」が、公開されました。正式名称は、経済産業省の「持続的成長に向けた長期投資（ESG、無形資産投資）研究会」による報告書です。ESGとは、環境（Environment）・社会（Social）・ガバナンス（Governance）です。

　報告書では、企業が持続的な価値創造に向けて経営のあり方を見直し、ビジネスモデルや戦略、ガバナンスなどについて投資家と対話することを重視しています。そのため、対話を促進する仕組み作りや、投資家からはみえづらい非財務情報データベースの充実、無形資産（人的資本、研究開発投資、IT・ソフトウェア投資等）に関する調査・統計の充実など8点を提言しています。

　経済産業省は、東証1部上場企業のROEのボリュームゾーンが、最初の伊藤レポート公表当時（2014年8月）の2.5～5％から、2016年時点では5～7.5％まで上昇した、と指摘しています。ROE経営を意識した取り組みが広がっていることがうかがわれます。

ソフトバンクグループ
積極投資企業の ROE はどれくらい?

　ソフトバンクグループ（ソフトバンクG）のケースから、積極投資している企業のROEはどれくらいなのかをみていきましょう。

　ソフトバンクGは、2013年に約2兆円で米国の携帯電話業界3位（当時）のスプリントを買収しました。同4位（当時）のTモバイルUSとの合併に乗り出しましたが、米国連邦通信委員会（FCC）が健全な競争を阻害するとして難色を示し、2014年8月に頓挫しました。

　業績の推移をみると、売上高は右肩上がりに拡大が続いていますが、負債比率及びD/Eレシオが非常に高いことがわかります。一方、ROEは、20％前後と、非常に高水準です。054 の伊藤レポートで「8％以上」とされていたことを考えると、異常な高さですが、財務レバレッジもまた高いことから、負債を有効活用して、収益を上げていることがうかがえます。

　負債が増えた主な原因は、スプリント買収です。スプリントとTモバイルUSの合併話が頓挫して以降、スプリントは米国の携帯電話業界4位となり、TモバイルUSが3位となりました。後の2018年4月、両社は2019年をめどに合併することで

業績と財務指標の推移

(億円)

(年/月期)	15/3	16/3	17/3	18/3	19/3
売上高	85,041	88,817	89,010	91,587	96,022
営業利益	9,187	9,089	10,259	13,038	23,539
税引前利益	12,130	9,191	7,125	3,846	16,913
当期純利益	6,683	4,741	14,263	10,389	14,111
売上総利益率 (%)	38.29	37.87	38.52	39.65	40.14
営業利益率 (%)	10.80	10.23	11.53	14.24	24.51
流動比率 (%)	127.51	107.44	109.51	102.17	89.36
固定比率 (%)	529.68	579.92	527.28	468.84	371.82
自己資本比率 (%)	13.53	12.62	14.56	16.63	21.11
負債比率 (%)	603.62	658.17	562.26	480.45	355.41
D/Eレシオ (倍)	4.08	4.56	4.14	3.29	2.06
財務レバレッジ (倍)	7.39	7.92	6.87	6.01	4.74
ROE (%)	23.48	18.14	39.77	20.04	18.52
ROA (%)	3.18	2.29	5.79	3.33	3.91

合意したと発表しました。しかし、2019年3月時点では、FCCが、業界4位のスプリントと3位のTモバイルUSの合併認可のための審査期間を再延長し、合併は難航しています。

このような状況ですが、直近の2019年3月期では、自己資本比率が20%を超え、D/Eレシオが2.06倍まで低下しています。これは、2018年12月19日に通信子会社ソフトバンクが上場したことで自己資本が大幅に拡充できたことによるものでしょう。

ROEは高い方が望ましいですが、負債とのバランスも考えてみる必要があります。負債比率やD/Eレシオが非常に高い場合には、上場企業であれば、2018年12月のソフトバンク上場のように、自己資本拡充のために増資する可能性がある、とみたほうがよいでしょう。

第6章

キャッシュ・フロー計算書(C/F)でおカネの動きがわかる

C/Fは3つの項目に分かれる

キャッシュ・フロー計算書（C/F）は、「一定期間のお金の流れ」を表しています。営業活動によるキャッシュ・フロー、投資活動によるキャッシュ・フロー、財務活動によるキャッシュ・フローの3つに分かれます。

営業活動によるキャッシュ・フローは、本業で稼いだキャッシュです。税金等調整前当期純利益、減価償却費、売上債権の増減額、棚卸資産の増減額、仕入債務の増減額、法人税等の支払額の6つが主要項目です。

投資活動によるキャッシュ・フローは、投資活動に使った、またはそれによって稼いだキャッシュです。有形固定資産の支出・収入、無形固定資産の支出、投資有価証券の支出・収入の3つが主要項目です。

実際には、支出と収入は、表記が分かれています。たとえば、有形固定資産であれば、有形固定資産の取得による支出、有形固定資産の売却による収入、有形固定資産の除却による支出というふうになります。

財務活動によるキャッシュ・フローは、財務活動に使った、またはそれによって稼いだキャッシュです。短期借入金の純増

キャッシュ・フロー計算書の簡易表

営業活動によるキャッシュ・フロー
税金等調整前当期純利益
減価償却費
売上債権の増減額（△は増加）
棚卸資産の増減額（△は増加）
仕入債務の増減額（△は減少）
小計
法人税等の支払額
投資活動によるキャッシュ・フロー
有形固定資産の支出・収入
無形固定資産の支出
投資有価証券の支出・収入
財務活動によるキャッシュ・フロー
短期借入金の純増減額（△は減少）
長期借入れによる収入・支出
社債の発行による収入・支出
リース債務の返済による支出
自己株式の収入・支出
配当金の支払額
現金及び現金同等物に係る換算差額
現金及び現金同等物の増減額
現金及び現金同等物の期首残高
現金及び現金同等物の期末残高

減額、長期借入れによる収入・支出、社債の発行による収入・支出、リース債務の返済による支出、自己株式の収入・支出、配当金の支払額の6つが主要項目です。

　実際には、収入と支出は表記が分かれています。たとえば、自己株式であれば、自己株式の売却による収入、自己株式の取得による支出、となります。年によってはない場合もあります。

C/Fは現金及び現金同等物の動きの要因分解

キャッシュ・フロー計算書（C/F）の仕組みは、表のようになっています。

Dの「**現金及び現金同等物に係る換算差額**」とは、現金及び現金同等物に係る為替差損益です。営業活動に関連して発生した為替差損益は、営業活動によるキャッシュ・フローに計上しますが、現金及び現金同等物に係る為替差損益は、現金及び現金同等物に係る換算差額に計上します。

Eの「**現金及び現金同等物の増減額**」とは、営業活動によるキャッシュ・フロー、投資活動によるキャッシュ・フロー、財務活動によるキャッシュ・フロー、現金及び現金同等物に係る換算差額の合計額です。

キャッシュ・フロー計算書（C/F）の仕組み

営業活動によるキャッシュ・フロー	A	
投資活動によるキャッシュ・フロー	B	
財務活動によるキャッシュ・フロー	C	
現金及び現金同等物に係る換算差額	D	
現金及び現金同等物の増減額	E	＝ A ＋ B ＋ C ＋ D
現金及び現金同等物の期首残高	F	
現金及び現金同等物の期末残高	G	＝ E ＋ F

Fの「現金及び現金同等物の期首残高」とは、前期末時点の現金及び現金同等物の金額です。一方、現金及び現金同等物の期末残高は、今期末時点の現金及び現金同等物の金額です。

　現金及び現金同等物の期首残高と、現金及び現金同等物の期末残高の差額は、現金及び現金同等物の増減額に一致します。

　004でも触れましたが、①「貸借対照表の『現金及び預金』」と、②「キャッシュ・フロー計算書の『現金及び現金同等物の期末残高』」は、基本的には一致するものの、必ず一致するわけではありません。

　次の表でイメージしていただくのがわかりやすいと思います。たとえば、定期預金は、3カ月以内のものについては①②の両方に含まれますが、3カ月以上1年以内のものについては、①には含まれていても、②には含まれていません。

　②に何を含めるかは、最終的には経営者の判断に委ねられるため、①と②との関係を注記に開示しなければならないことになっています。

現金及び預金と現金及び現金同等物の違い

	貸借対照表	キャッシュ・フロー計算書
現金	現金及び預金	現金
当座預金	現金及び預金	現金
普通預金	現金及び預金	現金
通知預金	現金及び預金	現金
定期預金（1年以内）	現金及び預金	×
定期預金（3カ月以内）	現金及び預金	現金同等物
公社債投資信託	×	現金同等物
コマーシャル・ペーパー	×	現金同等物
買現先取引	×	現金同等物

営業活動によるCFは本業で得たキャッシュ

営業活動によるキャッシュ・フローをみていきましょう。簡易表に示すとおり、主要項目は6つです。

第1に税金等調整前当期純利益で、これは税金を払う前段階の利益です。損益計算書（P/L）のものと同じです。キャッシュ・フロー計算書（C/F）の出発点になります。

第2に減価償却費で、C/Fでは加算項目になります。損益計算書の利益上は減算項目ですが、減価償却費を計上した期には、実際にキャッシュ（現金）は流出していないためです。（006の「設備投資と減価償却費の推移例」参照）。

第3に売上債権の増減額です。売上債権が前期より増加すると、C/Fではマイナス表記になります。逆に、前期より減少すると、プラス表記になります。売上債権が減少する、ということは、売上債権が回収できた分、手元のキャッシュが増えることになるためです。

第4に棚卸資産の増減額です。棚卸資産は、前期より増加すると、C/Fではマイナス表記になります。逆に、前期より減少すると、プラス表記になります。棚卸資産が減少する、ということは、棚卸資産を売った分、手元のキャッシュが増えるこ

営業活動によるキャッシュ・フローの簡易表

> 税金等調整前当期純利益
> 減価償却費
> 売上債権の増減額(△は増加)
> 棚卸資産の増減額(△は増加)
> 仕入債務の増減額(△は減少)
> ―――――――――――――――――
> 小計
> 法人税等の支払額
> ―――――――――――――――――
> 営業活動によるキャッシュ・フロー

とになるためです。

　第5に仕入債務の増減額です。仕入債務は、前期より増加すると、C/Fではプラス表記になります。逆に、前期より減少すると、マイナス表記になります。仕入債務が減少する、ということは、仕入債務を現金で支払った分、手元のキャッシュが減少することになるためです。

　第6に法人税等の支払額です。税金は通常、支払うものなので、減算項目です。還付される(キャッシュが戻ってくる)場合には、「法人税等の還付額」として、加算します。

　上記の主要6項目以外には、のれん償却額、持分法による投資損益、貸倒引当金の増減額、賞与引当金の増減額、受取利息及び配当金、支払利息などがあります。

　営業キャッシュ・フローの作成方法には、直接法と間接法の2通りがあります。実務上は、間接法が大半です。理由は、直接法は作成に手間がかかるためです。本書では、間接法で表示しています。

投資活動によるCFは投資活動で得たキャッシュ

投資活動によるキャッシュ・フローには、簡易表に示すとおり、主要項目が3つあります。

①**有形固定資産の支出・収入**：

機械装置や建物など、目にみえる固定資産への設備投資です。有形固定資産の取得による支出、有形固定資産の売却による収入などがあります。これらはキャッシュ・フロー計算書（C/F）では別々に表記されます。

　設備投資をする場合には、有形固定資産の取得による支出になります。キャッシュが出ていくので、マイナス表記になります。

　設備等を売却する場合には、有形固定資産の売却による収入になります。キャッシュが入るので、プラス表記になります。減価償却費とは異なり、土地を取得・売却した際にも計上することになります。

②**無形固定資産の支出**：

特許権、ソフトウェアなど目にみえない固定資産への設備投資です。無形固定資産の取得により支出が発生します。

投資活動によるキャッシュ・フローの簡易表

```
有形固定資産の支出・収入
無形固定資産の支出
投資有価証券の支出・収入

投資活動によるキャッシュ・フロー
```

取得することでキャッシュが出ていくので、マイナス表記になります。

③投資有価証券の支出・収入：

投資有価証券の売買による増減です。投資有価証券の取得による支出、またはその売却による収入が発生します。

　取得した際には投資有価証券の取得による支出で、キャッシュが出ていくのでマイナス表記、売却した際には投資有価証券の売却による収入で、キャッシュが入るのでプラス表記になります。それぞれ別々に記載します。

④その他：

主要3項目以外は、定期預金、短期貸付金、長期貸付金などの項目があります。

なお、C/Fに記載されている有形固定資産の項目と、無形固定資産の項目を合わせると、設備投資になります。設備投資額がどのくらいかをチェックするには、この2つの項目を押さえる必要があります。

財務活動によるCFは資金調達で得たキャッシュ

　財務活動によるキャッシュ・フローには、簡易表で示すとおり、主要項目が6つあります。年によっては財務活動によるキャッシュ・フローがない場合もあります。

①短期借入金の純増減額：
　短期借入金を調達した場合には、プラス表記でキャッシュは増加します。短期借入金を返済した場合には、マイナス表記でキャッシュは減少します。

②長期借入れによる収入・支出：
　長期借入金を資金調達した場合には長期借入れによる収入となり、プラス表記でキャッシュは増加します。長期借入金を返済した場合には、長期借入金の返済による支出となり、マイナス表記でキャッシュは減少します。

③社債の発行による収入・支出：
　社債を発行して資金調達した場合には社債の発行による収入となり、プラス表記でキャッシュは増加します。社債を償還した場合には社債の償還による支出となり、マイナス表記でキャッシュは減少します。

財務活動によるキャッシュ・フローの簡易表

```
短期借入金の純増減額（△は減少）
長期借入れによる収入・支出
社債の発行による収入・支出
リース債務の返済による支出
自己株式の収入・支出
配当金の支払額

財務活動によるキャッシュ・フロー
```

④リース債務の返済による支出：

リース債務の返済による支出は、マイナス表記でキャッシュは減少します。

⑤自己株式の収入・支出：

自社株買い（会社が自ら株主から株式を買い取ること）の場合には、自己株式の取得による支出となり、マイナス表記でキャッシュは減少します。自社株を売り出した場合には、自己株式の売却による収入となり、プラス表記でキャッシュは増加します。

⑥配当金の支払額：

配当金の支払額は、株主に配当を支払うことですから、マイナス表記でキャッシュは減少します。

営業CFとフリーCFで資金余力を確認

　キャッシュ・フロー計算書（C/F）全体のチェックポイントを4点にまとめました。

　第1に、**営業キャッシュ・フローがプラスかどうかをチェック**しましょう。

　まず、営業キャッシュ・フローの増減で営業活動の強さや債権回収力をみます。プラスであることが望ましいです。これが増えていれば、**本業で多くのキャッシュを得られている**ことになります。

　営業キャッシュ・フローの主要項目である売上債権の増減額、棚卸資産の増減額、仕入債務の増減額の3つを合わせて、「運転資本の増減」と呼びます。運転資本とは、企業活動を行う上で必要となる資金です。

▶ **運転資本の増減＝売上債権の増減額＋棚卸資産の増減額－仕入債務の増減額**

　上の式で、売上債権の増減額と棚卸資産の増減額は、キャッシュが出ていくものなので、増加していればマイナス表記します。仕入債務は、増えるとキャッシュが増えるものなので、増

加していればプラス表記します。

　第2に、フリー・キャッシュ・フローがプラスかどうかをチェックしましょう。フリー・キャッシュ・フローはプラスであることが望ましいです。

▶ フリー・キャッシュ・フロー
　＝営業キャッシュ・フロー＋投資キャッシュ・フロー

　フリー・キャッシュ・フローは、営業活動での稼ぎから、事業活動に必要な投資を差し引いた残り、つまり自由に使えるお金です。

　投資キャッシュ・フローは原則、マイナス値になります。ですから、営業キャッシュ・フローが投資キャッシュ・フローの絶対値を上回っていないと、フリー・キャッシュ・フローはプラスになりません。

　第3に、投資キャッシュ・フローの数値を確認しましょう。投資キャッシュ・フローの内容は設備投資による支出などですから、通常ではマイナス値です。リストラで設備投資を抑制し、固定資産を売却している場合には、プラス値になることもあります。

　原則として、投資キャッシュ・フローのマイナス値が営業キャッシュ・フローの範囲で収まっていることが望ましいでしょう。

　第4に、財務キャッシュ・フローの数値を確認しましょう。

　財務キャッシュ・フローは資金調達に関連します。必ずしもプラスが望ましいわけではありません。

　たとえば、多額の借入金を調達した場合、キャッシュは増え

ますが、半面、財務構造は悪化します。自己資本比率は低下し、負債比率が上昇するため、財務リスクを伴います。財務キャッシュ・フローが極端なプラス値になっている場合には、これらの財務指標もチェックした方がよいでしょう。

コラム3　運転資本を詳しく知ろう

　先ほど掲載した運転資本の増減の式は、企業価値評価をする際にも使われます。

　運転資本が増加している、ということは、事業継続のためにより多くのキャッシュを使う必要がある、ということになるため、企業価値評価の世界では、運転資本の増加は減算項目になっています。

　運転資本そのものの式は、次のように表すことができます。

▶ 運転資本＝売上債権＋棚卸資産－仕入債務

　運転資本は、必要運転資本と呼ばれることもあります。
　運転資本に近い概念として、正味運転資本もあります。

▶ 正味運転資本＝流動資産－流動負債

　この2つの違いはどんなところでしょうか。
　必要運転資本は、事業継続のための最低限の運転資本をみるためのもの、正味運転資本は、短期安全性をみるためのものです。

ニュース用語07 キャッシュ・フロー経営
キャッシュ重視で黒字倒産を回避

　キャッシュ・フロー経営とは、キャッシュの流れ（フロー）を重視した経営のことです。その実行にあたって重視される代表的な指標は、フリー・キャッシュ・フローです。月々の資金繰り表でキャッシュ・フローをチェックし、フリー・キャッシュ・フローをプラスにする施策を打っていきます。

　経営に関する指標として、「3年単黒、5年累損一掃」という考え方もよくいわれます（こちらにはキャッシュ・フロー経営のような名称がありません）。これは、新規事業を始める際や、ベンチャー、中小企業の財務判断をする際の指標で、損益計算書（P/L）が赤字の会社について、3年で単独黒字化し、5年で累積赤字を解消する、という考え方です。

　「3年単黒、5年累損一掃」という考え方は、事業評価に際して「利益をいかに出せるかで判断する」という点ではシンプルでわかりやすいです。しかし、キャッシュの動きは勘案していません。利益は増えてきたけれど、資金繰りに行き詰まって黒字倒産、という事態が起きるリスクがあります。

　キャッシュ・フロー経営は資金繰りに行き詰まるリスクを回避しようとする考え方なので、優れています。

「3年単黒、5年累損一掃」とキャッシュ・フロー経営の比較

	3年単黒、5年累損一掃	キャッシュ・フロー経営
重視する財務三表	損益計算書	キャッシュ・フロー計算書
評価尺度	3年で単独黒字化 5年で累積赤字解消	フリー・キャッシュ・フローのプラス化 営業キャッシュ・フローの増加
長所	シンプルで周囲の理解を得やすい	黒字倒産リスクがない
短所	資金繰りを勘案していない 成長投資の抑制リスク 投資効率を勘案してない	成長投資の抑制リスク 投資効率を勘案していない

しかし、キャッシュ・フロー経営、「3年単黒、5年累損一掃」の考え方にはともに次のような限界もあります。

第1に、キャッシュを重視し過ぎてしまうと、事業成長のための設備投資が過度に抑制されてしまうことです。設備投資を抑えれば、フリー・キャッシュ・フローはプラスになりやすくなります。しかし、会社の将来性を考えると、機械設備の老朽化対応や新事業への進出などで、設備投資はどうしても必要になってきます。ずっと抑制し続けることは難しいでしょう。

「3年単黒、5年累損一掃」の考え方で、利益を重視し過ぎた場合にも同じ状況に陥ります。

第2に、2つの考え方とも、投資収益性を勘案していないことです。投資効率を勘案した経営手法としては、ROE経営とROIC（投下資本利益率）経営があります。ROE経営は、株主の投資効率に注目する経営です（ROE経営は 054 参照）。ROIC経営は、株主と債権者双方の投資効率をみる経営で、 065 で取り上げます。

ケース14 大塚家具
無借金経営のフリーCFは？

　大塚家具は家具販売会社です。2015年1月に大塚久美子社長が就任しましたが、その前後で父であり前社長の大塚勝久氏との激しい対立が生じました。この親子騒動によってブランドイメージが低下したことは否めません。

　現社長が就任した2015年12月期以降の財務分析をしてみると、3つの特徴が読み取れます。

　第1に、財務体質は良好にみえることです。営業利益率をみると、赤字が拡大しており、より厳しくなっていることがうかがわれます。一方、D/Eレシオをみると、2017年12月期までゼロで、無借金経営だったことがわかります。流動比率は理想とされる200％を超えており、財務体質は悪くなさそうにみえます。これだけみると、厳しいながらも安定経営をしているようにみえます。

　第2に、売上原価率が悪化の一途をたどっていることです。売上原価率は徐々に高くなっており、本業の原価構造がまったく改善できていないことがわかります。販売促進費を使って赤字になっているのであれば、販管費率が上昇しているはずですが、売上原価率の上昇のほうが目立っています。

財務指標の推移

(年/月期)	14/12	15/12	16/12	17/12	18/12
売上原価率（％）	44.87	46.85	46.62	49.02	55.71
売上総利益率（％）	55.13	53.15	53.38	50.98	44.28
販管費率（％）	55.85	52.40	63.31	63.48	58.11
営業利益率（％）	▲0.72	0.75	▲9.93	▲12.50	▲13.82
流動比率（％）	318.47	332.18	289.45	285.85	235.51
当座比率（％）	160.78	173.20	102.08	83.29	92.87
固定比率（％）	47.30	47.55	59.91	62.36	45.80
固定長期適合率（％）	44.09	44.43	51.88	48.24	40.17
自己資本比率（％）	74.21	75.39	69.06	60.50	60.83
負債比率（％）	34.75	32.63	44.81	65.28	64.40
D/Eレシオ（倍）	0.00	0.00	0.00	0.00	0.10

キャッシュ・フローの推移

(百万円)

(年/月期)	14/12	15/12	16/12	17/12	18/12
営業キャッシュ・フロー	763	269	▲5,770	▲4,785	▲2,608
投資キャッシュ・フロー	4,066	▲75	▲812	3,094	3,104
財務キャッシュ・フロー	▲742	▲741	▲534	▲356	197
現金及び現金同等物	11,519	10,971	3,853	1,806	2,501
フリー・キャッシュ・フロー	4,829	194	▲6,582	▲1,691	496

　第3に、営業キャッシュ・フローが2016年12月期以降、3年連続でマイナスになっています。フリー・キャッシュ・フローは、2018年12月期でようやくプラスに転じたものの、2年連続のマイナスです。プラスに転じた背景に、投資キャッシュ・フローの改善がありますが、有形固定資産の売却や投資有価証券の売却によるものなので、本業で賄えていないことがわかります。本業の改善が急務であることが、明らかになっています。

ROIは個別案件の投資利益率をみる

ROEとROAに似た概念として **ROI**(投資利益率、Return on Investment)を紹介します。ROIとは、**「投資額に対して得られた利益の割合」**です。投下資本利益率と呼ばれることもあります。式をみてみましょう。

▶ 投資利益率 $= \dfrac{会計上の利益}{投資額(簿価)} \times 100$ (%)

$= \dfrac{投資プロジェクト期間の平均当期純利益}{投資プロジェクト期間の平均投資残高} \times 100$ (%)

(注)年度ごとに利益率を計算する場合もあります。

分子の利益は、「会計上の利益」と記載していますが、どの利益にするかは、まちまちです。本書では、当期純利益に統一しますが、そのほか事業利益、税引後営業利益(営業利益から法人税などの実効税金分を差し引いた利益)などを使う場合もあります。投資期間に得られる当期純利益を複数年の平均値で求めます。

分母は投資額です。たとえば機械設備を購入した場合は、機械装置の簿価の平均残高になります。なお、1年間だけで計算

することもあります。

具体的な数字で、ROIのイメージをつかんでみましょう。あるメーカーが機械装置を300億円で購入し（初期投資額）、その後5年間の減価償却費が毎年60億円で、当期純利益が表のようになる投資プロジェクトがあるとします。この時のROIは何％になるでしょうか？

答えは、18 ÷ 150 × 100 ＝ 12％です。当期純利益の各年の平均値は、

（6 ＋ 12 ＋ 18 ＋ 24 ＋ 30）÷ 5 ＝ 18（億円）

です。機械装置の投資残高の各年の平均値は現在を含めると、

（300 ＋ 240 ＋ 180 ＋ 120 ＋ 60 ＋ 0）÷ 6 ＝ 150（億円）

となります。それぞれの平均値を求めたら、利益を投資額で割って計算します。

1年後だけでみる場合には、6 ÷ 240 × 100 ＝ 2.5％となります。

ROIは、ROAと式が似ています。ROAが会社全体を評価する指標であるのに対して、ROIは投資プロジェクト、つまり個別案件ごとの評価指標としてよく使われます。

ROIのイメージ

(億円)

	現在	1年後	2年後	3年後	4年後	5年後	平均値
当期純利益	—	6	12	18	24	30	18
設備投資	300	0	0	0	0	0	—
機械装置の簿価	300	240	180	120	60	0	150
減価償却費	0	60	60	60	60	60	—

ニュース用語 08 ROIC 経営
株主と債権者にとっての投下資本効率

ROIC（投下資本利益率、Return on Invested Capital）とは、「事業に使ったお金からどれだけの利益を出したかを表す財務指標」です。

先ほどの ROI も投下資本利益率と呼ばれる場合もあるため、ご注意ください。

ROIC は、❶の式で表されますが、詳細は調達面（❷）と運用面（❸）の2通りあります。本書では原則、調達面とします。

▶ 投下資本利益率（ROIC） $= \dfrac{\text{税引後営業利益}}{\text{投下資本}} \times 100\,(\%)$ …❶

$= \dfrac{\text{営業利益} \times (1 - \text{実効税率})}{\text{自己資本} + \text{有利子負債}} \times 100\,(\%)$ 調達面（原則） …❷

$= \dfrac{\text{営業利益} \times (1 - \text{実効税率})}{\text{固定資産} + \text{運転資本}} \times 100\,(\%)$ 運用面 …❸

分子の税引後営業利益とは、営業利益から法人税などの実効税率分を差し引いたものです。別名で「NOPAT（Net Operating Profit After Tax）」と呼びます。

実効税率とは、法人税、住民税、事業税の表面税率を使って

所定の方法で計算される総合的な税率のことです。

分母の投下資本とは、事業活動に投じた資金です。

具体的に投下資本を表したのが❷式です。調達面での分母は、自己資本＋有利子負債です。自己資本は「自社及び株主から調達する資本」で、有利子負債は借入金や社債ですから、株主と債権者の双方にとっての投下資本効率を表しています。

なお、自己資本の代わりに株主資本や純資産となっているものもありますが、本書では自己資本とします。

一方、運用面からみたのが❸式で、分母は固定資産＋運転資本で構成されています。

運転資本の中身は正味運転資本で、これは流動資産－流動負債で表されます。正味運転資本の代わりに必要運転資本（売上債権＋棚卸資産－仕入債務）を用いる場合もあります。

064でROIは個別案件で使われることが多いとお話ししましたが、ROICは全社で、あるいは事業部門単位で使われます。

ROE経営（054）が株主にとっての投資効率であるROEを意識した経営であるのに対して、ROICは株主だけでなく債権者も視野に入れた財務指標ですので、それを意識したROIC経営を掲げる企業も出てきました。

次ページの表はROIC経営を展開する主な企業です。掲載企業はあくまで一例であり、ROICを事業部門単位の経営指標として活用する企業は徐々に増えています。

ROIC経営を展開する主な企業

社名	証券コード	ROICの導入内容
ヤマシンフィルタ	6240	MAVY'Sという独自の経営指標を導入。ROICを最重要指標に位置付ける
オムロン	6645	現場の改善からROICを導く「逆ツリー」を導入
川崎重工業	7012	税前ROICを最重要経営指標として導入。事業ごとの取り組み状況を開示
ニコン	7731	ROE8％を経営目標として設定し、事業部門でROICを経営指標として導入
ピジョン	7956	PVAという独自の経営指標を導入。ROICを最重要指標に位置付ける

（出所）各社開示情報をもとに筆者調べ。

第7章

財務分析の
さまざまな方法

財務分析の5つの体系

　第6章までで多くの財務指標をご紹介しましたが、第7章ではそれらを改めて整理します。財務分析の5つの体系を表に沿って説明します。

　第1に収益性分析は、どれくらいの収益を上げたかを分析するものです。中核は、資本利益率（ROE、ROA）です（052〜054）。資本利益率は、売上高利益率と資本回転率に分けられます。売上高利益率は、利益面では、売上総利益率、営業利益率、経常利益率、当期純利益率、費用面では、売上原価率、販管費率があります。利益面は018で、費用面は012で述べました。収益性分析は、原則として損益計算書の分析ですが、資本利益率及び資本回転率は、損益計算書と貸借対照表を組み合わせた分析です。

　第2に効率性分析は、経営資源をどれくらい効率的に使ったのかを分析するものです。収益性分析の資本回転率と同じです。総資産回転率、経営資本回転率、有形固定資産回転率は049で、売上債権回転率、棚卸資産回転率は036で、仕入債務回転率は044で述べました。回転率の逆数として、回転期間もあります。効率性分析は損益計算書と貸借対照表を組み合わせた分

財務分析の5つの体系

①収益性分析	資本利益率	(ROE、ROA)	売上高利益率	利益面	(売上総利益率、営業利益率、 経常利益率、当期純利益率)
				費用面	(売上原価率、販管費率)
			資本回転率	→効率性分析	
②効率性分析	(総資産回転率、経営資産回転率、売上債権回転率、棚卸資産回転率、有形固定資産回転率、仕入債務回転率)				
③安全性分析	短期安全性	(流動比率、当座比率、インタレストカバレッジレシオ)			
	長期安全性	(固定比率、固定長期適合率)			
	資本調達構造	(自己資本比率、負債比率、D/Eレシオ、財務レバレッジ)			
④生産性分析	労働生産性、資本生産性				
⑤成長性分析	増減率（前年同期比）				

析です。

　第3に安全性分析は、財務の安全性を分析するものです。短期安全性をみる流動比率、当座比率は035で、インタレストカバレッジレシオは048でお話ししました。長期安全性をみる固定比率、固定長期適合率は045にあります。

　資本調達構造をみる自己資本比率、負債比率、D/Eレシオは048で、財務レバレッジは053で紹介しました。安全性分析は貸借対照表の分析になります。

　第4に生産性分析は、生産効率を判断します。労働生産性と資本生産性に分かれます。詳しくは067で取り上げます。

　第5に成長性分析は、前年同期比でどう変化するかを分析するものです。前年同期との比較は、すべての分析の基本です（007参照）。

067

生産性分析は付加価値で計算する

　ここでは財務分析の5つの体系のうち、まだご紹介していない生産性分析を取り上げます。労働生産性と資本生産性の2つがあります。これらは企業が投入した資本や労働力などのインプットと、獲得したアウトプットとの関係を示し、生産効率を表します。

　まず、生産性分析で使う「付加価値」を説明します。付加価値とは、企業が外部から購入した原材料やサービスをもとに、どれくらい新たな価値を生み出したかを表すものです。付加価値の代表的な計算法は、分配面から計算する加算法（日銀方式）と、生産面から計算する控除法（中小企業庁方式）などがあり、加算法がよく使われます。

▶加算法による計算式：
　付加価値＝経常利益＋人件費＋賃借料＋租税公課
　　　　　　＋減価償却費＋金融費用

▶控除法による計算式：
付加価値＝売上高－外部購入価値
外部購入価値とは材料費、購入部品費、運送費、外注加工費など

労働生産性は、生産過程における労働力の効率性を表します。付加価値額を労働力（人件費、従業員数、労働時間など）で割ることで計算します。分母に従業員数を用いるものが代表的で、従業員1人当たり付加価値額ともいいます。

▶労働生産性 $\left(\dfrac{円}{人}\right) = \dfrac{付加価値額}{従業員数}$

$= \dfrac{売上高}{従業員数} \times \dfrac{付加価値額}{売上高}$

労働生産性の計算式の2行目は、従業員1人当たり売上高と、売上高に対する付加価値率の2つに分解でき、より詳細な分析をすることができます。

資本生産性は、生産過程における資本の効率性です。付加価値額を資本（総資本、生産設備など）で割ることで計算します。

分母を生産設備にしたものは設備生産性といいます。生産設備は、有形固定資産から建設仮勘定を引いたものが使われます。

▶資本生産性（設備生産性）

$= \dfrac{付加価値額}{（有形固定資産－建設仮勘定）} \times 100 \,(\%)$

ケース15 LINE
成長性分析の結果は？

　SNS（ソーシャル・ネットワーキング・サービス）のLINEの提供会社である、LINEを取り上げて、実際に成長性分析をしてみましょう。

　LINEは2016年7月に上場しました。情報開示のある2015年12月期から2018年12月期の4年間で分析します。

　業績をみると、売上収益（売上高）は前期比で20%前後の高い水準で拡大が続いています。一方、営業利益は、上場した2016年12月期と翌2017年12月期には高い伸び率を示していますが、2018年12月期には一転して減益となり、当期純利益は赤字となっています。

　その背景にはスマホ決済アプリLINE Payを強化するための設備投資や、普及のための販売促進活動がありました。減価償却費は、キャッシュ・フロー計算書をみると、2017年12月期の71億円から111億円へと40億円も増加しています。また、販売手数料も150億円増加しています。

　スマホの電子決済サービスでは、ソフトバンクとヤフーの合弁会社PayPay（ペイペイ）が2018年10月にスマホ決済アプリPayPayのサービス提供を開始し、2度の100億円還元セー

ルを実施しました。この業界では、**アプリ普及のためのこうした激しいキャンペーン合戦**が繰り広げられています。

そうした環境で、LINE もしばらくは**先行投資期間**が続くことで、利益が落ち込むリスクに注意する必要がありそうです。

業績及び前期比推移

(億円)

(年/月期)	15/12	16/12	17/12	18/12
売上収益	1,204	1,407	1,671	2,071
営業利益	19	198	250	161
税引前利益	▲5	179	181	33
当期純利益	▲75	67	80	▲37

(%)

(年/月期)	15/12	16/12	17/12	18/12
売上収益前期比		16.86	18.79	23.95
営業利益前期比		915.15	26.04	▲35.76
税引前利益前期比			0.86	▲81.52
当期純利益前期比			19.44	

財務指標推移

(年/月期)	15/12	16/12	17/12	18/12
営業利益率(%)	1.63	14.14	15.00	7.78
流動比率(%)	67.97	202.12	187.99	264.16
当座比率(%)	66.44	201.01	184.58	260.19
自己資本比率(%)	14.52	62.80	60.99	40.88
負債比率(%)	589.67	59.11	61.31	139.79
D/Eレシオ(倍)	2.48	0.15	0.15	0.90

為替変動は
どのように影響するのか

　ここでは応用論点として、為替変動について学びます。

　米国のドル、ヨーロッパのユーロなど外国の通貨との交換比率を「為替レート」と呼びます。

　為替レートの変動は、企業の収益や資産にインパクトを与えます。為替レートが1円変動した場合の影響額の計算を「為替感応度」と呼びます。

　円高ドル安の場合、輸出品の価格が上昇して価格競争力が低下し、輸出産業にはマイナス、輸入品の仕入価格が低下して輸入産業にはプラスに働くことが多いです。

　円安ドル高の場合、輸出品の価格が低下して価格競争力が高まり、輸出産業にはプラス、輸入品の仕入価格が上昇して輸入産業にはマイナスに働くことが多いです。例でみてみましょう。

　例1は1ドル＝110円の時、100ドルの靴を米国から日本に輸入する、というケースです。輸入代金を日本円で支払う場合には、11,000円です。

　しかしその後、為替レートが1ドル＝100円、すなわち円高ドル安に変わったとします。すると100ドルの靴の輸入代金は10,000円となり、1,000円安く買えるようになります。

〈例1〉100ドルの靴を輸入（円高ドル安のケース）

1ドル＝110円　の時　　100ドルの靴を米国から日本へ輸入

　　　110円　×　　100ドル＝　　**11,000円**

1ドル＝100円　に変わった時　円高ドル安
　　　　　　　　100ドルの靴
　　　100円　×　　100ドル＝　　**10,000円**

　　　→ 1,000円安く日本で買える

〈例2〉11,000円の靴を輸出（円安ドル高のケース）

1ドル＝100円　の時　　11,000円の靴を日本から米国へ輸出

　　11,000円　÷　　100円＝　　**110ドル**

1ドル＝110円　に変わった時　円安ドル高
　　　　　　　　11,000円の靴
　　11,000円　÷　　110円＝　　**100ドル**

　　　→ 10ドル米国で安くなる

　例2は1ドル＝100円の時、11,000円の靴を日本から米国に輸出する、というケースです。米国では、この靴に110ドルという値段が付きます。

　しかしその後、為替レートが1ドル＝110円、すなわち円安ドル高に変わったとします。すると11,000円の靴は米国では100ドルの値段が付き、10ドル安く買えるようになります。円安ドル高になった場合には、日本から米国への輸出品は米国で安くなり、価格競争力が増すことになります。これは輸出産業にとってプラスです。

ケース16 キヤノン
為替感応度で為替影響額がわかる

　為替変動のケースをキヤノンの決算でみていきましょう。キヤノンは事務機やカメラを製造する大手精密機器メーカーです。2018年12月期の決算説明会資料をみると、「2019年年間の為替前提」と、「1円の変動による影響額」という記述があります。

　「2019年年間の為替前提」とは、2019年12月期の業績予想の前提となる為替レートのことです。2018年12月期の為替レートの実績値が1ドル=110.43円なのに対して、2019年12月期の為替前提は、1ドル=105円と、2018年12月期に比べて、約5円分の円高ドル安の想定となっています。

　ユーロについては、2018年12月期の為替レートの実績値が1ユーロ=130.29円なのに対して、2019年12月期の為替前提は1ユーロ=125円と、2018年12月期に比べて約5円分の円高ユーロ安の想定となっています。

　2019年12月期の**「1円の変動による影響額」**とは、為替感

2018年12月期の為替実績と2019年12月期の為替前提

平均為替レート	18年年間	19年年間
ドル/円	110.43円	105.00円
ユーロ/円	130.29円	125.00円

応度のことです。決算説明会資料にドルは売上高で132億円、営業利益で44億円との記述があります。これは、ドルが1円分、円高ドル安に変動すると、売上高では132億円、営業利益では44億円ものマイナス影響が生じる、ということを意味しています。ユーロが1円分、円高ユーロ安に変動すると、売上高61億円、営業利益30億円ものマイナス影響が生じます。

　為替感応度は、終わった期の為替影響額の実績値と、為替レートの変動額をもとに計算します。為替感応度と、終わった期の為替レートの実績値がわかれば、為替レートが変動した場合の為替影響額を計算することができます。

2019年12月期の為替感応度

	売上高への影響	営業利益への影響
ドルの場合	132億円	44億円
ユーロの場合	61億円	30億円

　たとえば、2019年12月期の為替レートが1ドル＝105円になると予想した場合、為替レートは5円分、円高ドル安に変動し、売上高への為替影響額は、▲132億円×5円＝▲660億円、営業利益への影響額は、▲44億円×5円＝▲220億円となります。逆に、為替レートが1ドル＝115円と、5円の円安ドル高になると予想する場合には、売上高には660億円のプラス、営業利益には220億円のプラスの影響が生じると計算できます。

2019年12月期の為替影響額（ドル）の予想値

	売上高への影響	営業利益への影響
ドルの為替感応度	132億円	44億円
為替レートの変動額	5円	5円
為替影響額	660億円	220億円

CVP分析は業績予想の際のツール

021 で、コスト構造について、変動費と固定費に分解するアプローチがあると述べましたが、ここでその詳細を説明します。

変動費と固定費に分解するアプローチは、CVP分析（損益分岐点分析、Cost-Volume-Profit Analysis）と呼ばれます。売上原価と販管費に分解するアプローチと異なり、「どれくらいの売上高があれば利益（主に営業利益）をゼロまで持って行けるか」が特定できる点が特徴です。

まず限界利益からお話しします。売上高を算出する式は、売上高＝変動費＋固定費＋営業利益、ですが、売上高から変動費を引いたものを限界利益と呼びます。固定費に営業利益を足したもの、といっても同じです。

- ▶売上高＝変動費＋（固定費＋営業利益）
  　　　＝変動費＋限界利益
- ▶限界利益＝売上高－変動費
  　　　　＝固定費＋営業利益

売上高のうち変動費の占める割合を変動比率と呼びます。一

方、売上高のうち限界利益の占める割合を限界利益率と呼びます。変動費と限界利益を足したものが売上高なので、変動費率と限界利益率を足すと1になります。

- 変動費率 ＝ $\dfrac{変動費}{売上高}$

- 限界利益率 ＝ $\dfrac{限界利益}{売上高}$

  1 ＝ 変動費率 ＋ 限界利益率

利益がゼロになった点、すなわち売上高と費用が等しい点を損益分岐点といいます。損益分岐点での売上高を損益分岐点売上高と呼びます。

損益分岐点売上高は、固定費を限界利益率で割ることによって計算できます。限界利益率は、1－変動費率と同じなので、変動費率がわかれば損益分岐点売上高を求めることができます。

利益がゼロになった場合の売上高が計算できる、ということは、固定費と変動費率を使えば、目標とすべき利益を得るにはどれだけの売上高が必要か、といった計算もできることになります。そのため、損益分岐点分析は、業績予想をする際のツールとして適しています。

- 損益分岐点売上高 ＝ 変動費 ＋ 固定費

  ＝ $\dfrac{固定費}{1－変動費率}$

  ＝ $\dfrac{固定費}{限界利益率}$

変動費率の求め方

071 の説明を図でみてみましょう。損益分岐点売上高は、利益がゼロであるため、固定費と変動費の合計に等しくなりますが、実際の売上高は、固定費と変動費と営業利益で構成されています。

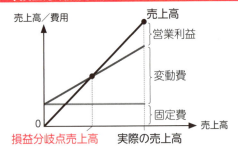

損益分岐点売上高と実際売上高の関係

実際の売上高に占める損益分岐点売上高の割合を損益分岐点比率と呼びます。この数値が低いほど、利益が出やすいことを示すため、よいとされています。

1から損益分岐点比率を引いたものを安全余裕度といいます。この数値は高いほどよいとされています。

▶ 損益分岐点比率 = $\dfrac{\text{損益分岐点売上高}}{\text{実際売上高}} \times 100$ (%)

▶ 安全余裕度 = $\dfrac{\text{実際売上高} - \text{損益分岐点売上高}}{\text{実際売上高}} \times 100$ (%)

= 1 − 損益分岐点比率

　固定費と変動費率がわかれば、損益分岐点売上高を求めることができます。費用を変動費と固定費に分解することを固変分解といいますが、その方法には、①総費用法、②最小二乗法、③費目別法（勘定科目法）の3つがあります。

　①の総費用法は、変動費率を売上高の変化額に対する費用の変化額の比率で推定する方法です。固定費が大きく変化する場合には注意が要りますが、業績予想をする際には便利な方法です。

▶ **総費用法による変動費率の計算式：**

$$\text{変動費率} = \dfrac{\text{費用の変化額}}{\text{売上高の変化額}}$$

　②の最小二乗法とは、最小二乗法という統計的手法を用いて費用を分解する方法です。

　③の費目別法（勘定科目法）とは、費用（勘定科目）の内容明細に注目して、変動費と固定費に分解する方法です。

ニュース用語09 財務会計、管理会計、税務会計

目的や報告対象者が異なる

071、072でご紹介したCVP分析は、管理会計の手法の1つです。一方、これまでに説明した内容の大半は、財務会計です。そのほか税務会計という用語もあります。それぞれの違いをみていきましょう。

①**財務会計**：

企業が株主や債権者などの外部利害関係者に対して財務情報を提供することを目的として行う会計。根拠法は、会社法や金融商品取引法で、企業は財務諸表を作成する義務を

財務会計、管理会計、税務会計の違い

	財務会計	管理会計	税務会計
目的	外部関係者への説明	経営者の意思決定	必要納税額の報告
対象者	株主、債権者など	経営者、担当者	国、地方自治体
作成根拠	会社法金融商品取引法	法的根拠なし	租税法
判断基準	利益実績	利益実績、利益計画	課税所得
提供形式	財務諸表	原則、内部資料	税務報告書
外部監査	会計監査	なし	税務調査

負っています。

②管理会計：

企業の経営者や担当者に対して、経営上の意思決定や業績管理に役立つ情報を提供することを目的とした会計。財務会計と異なり、根拠法はありません。企業に作成義務があるわけでもありません。外部の目に触れることは、企業側が自ら情報開示しない限りはありません。

③税務会計：

企業が国や地方自治体に納付する税額を算出するために法人税法などの規定に従って行う会計。根拠法は租税法で、企業は税務報告書を作成する義務を負っています。

財務会計での儲けとは、収益から費用を差し引いた利益ですが、税務会計の儲けとは、益金から損金を差し引いた所得です。この益金と損金の扱う範囲が、財務会計の収益と費用とは異なるため、財務会計と税務会計では、金額にも違いが生じます。

また、財務会計と税務会計では、会計方針にも違いが生まれやすいです。財務会計では、企業は株主や債権者に業績をよく見せたい心理が働きます。一方、税務会計では、企業は納税額を少なくするために、所得を小さく見せたい心理が働きます。

外部に対して企業の状況を説明する時には、実務上、管理会計の内容が使われています。財務会計の情報だけでは、外部への説明には不十分だからです。このような任意開示を含めた情報開示をIR（インベスター・リレーションズ、Investor Relations）といいます。

ニュース用語 10 IR
上場企業の情報開示を司る役割

　IR（インベスター・リレーションズ）とは、「企業の業績や株価に対する期待値の適正コントロール活動のこと」で、これは筆者による定義です。自社にとって都合のよい情報も悪い情報も、公正に素早く開示し、外部の期待値を適正にコントロールすることです。

　企業はIR活動として、株主や機関投資家、個人投資家、アナリストなど外部のステークホルダーに対して情報を開示し、取材や投資を受けています。

　図はIR活動の全体像のイメージです。企業は情報開示をするために、社内の各部門に対してヒアリングをします。また外部に対して情報開示をした後には、外部から得た要望や情報を社内へフィードバックします。図の矢印で示したような流れをうまく循環させることが重要です。

　企業の情報開示には、主に4つの区分があります。

①法定開示：
　　金融商品取引法や会社法により義務づけられている情報開示。たとえば有価証券届出書や有価証券報告書などです。

②適時開示：

金融商品取引所が義務づけている情報開示。たとえば決算短信や業績予想の修正リリースなどです。

③PR（パブリック・リレーションズ、Public Relations）：

任意で開示する、各ステークホルダーに有用な企業情報。いわゆる広報のことです。

④IR：

概念上は①から③以外のもので、「任意で開示する投資判断に有用な企業情報」です。例としては、決算説明会資料やアニュアルレポートなどがあります。これらは任意開示のもので、法律や金融商品取引所で義務づけられているわけではありません。

実務上のIR活動は、法定開示と適時開示を含めて対応していますし、PRともIRともいえる内容であることもあります。

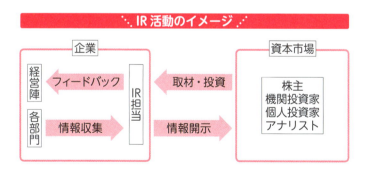

IR活動のイメージ

セグメント分析は業績の要因分析に便利

　セグメント分析とは、事業、製品・サービスなどのセグメントから売上高や利益を分析することをいいます。公表されるセグメントには主に4つの切り口があります。

①**事業別セグメント**：

　事業別に売上高、セグメント利益（原則、営業利益。企業によっては経常利益）を情報開示しています。売上高のみしか開示していない場合もあります。セグメント分析の中では最初にみるべき項目といえます。

②**製品・サービス別セグメント**：

　事業別セグメントと同じであることもありますが、製品・サービス別に売上高を情報開示しています。利益は開示されていないケースが多いです。単一製品・単一サービスの場合には、開示そのものがなされていません。

③**所在地別セグメント**：

　企業の所在地別に売上高、セグメント利益を情報開示しています。所在地別とは、企業の販売元別の集計です。地域の子会社別の業績を、日本、米国、ヨーロッパなど、地域

別に組み替えているイメージです。

　所在地別を開示しているかどうかはまちまちですが、輸出産業の場合は載せているケースが多いです。国内展開が主の場合はあまり掲載されていません。なお、所在地別は販売元別のため、海外売上高比率を分析する場合には不適です。

④仕向地別セグメント：

仕向地別に売上高を情報開示しています。利益は開示されていないケースが大半です。所在地別が販売元別であるのに対して、仕向地別は、販売先別（顧客別）の集計です。海外売上高として開示しているケースもありますが、その場合には、全売上高から海外売上高を引くことで、日本の売上高を計算することができます。仕向地別は販売先別（顧客別）のため、海外売上高比率を算出する基になります。

なお、企業によっては、売上高や利益（営業利益、経常利益）だけでなく、受注高、受注残高、生産高でも、セグメントで区分して情報開示していることがあります。

全体の業績をみると、どれだけ売上高や利益が増減したかはわかりますが、「なぜ、そうなったのか」まではわかりません。セグメント情報があれば、どの事業、どの地域が業績の良し悪しの原因だったのかを特定できるメリットがあります。

ケース17 ユーザベース

セグメント分析でみる業績拡大要因

　ユーザベースは、業界情報プラットフォームのSPEEDA(スピーダ)と、経済ニュースアプリNewsPicksを扱う情報通信メディアです。設立は2008年4月、上場は2016年10月です。

　事業セグメントは、SPEEDAとNewsPicksの2つですが、事業の支えになっているのは、SPEEDAです。上場前の2015年12月期までは営業赤字ですが、上場した2016年12月期以降は営業黒字化し、全社の利益を下支えしています。一方、NewsPicks

事業別業績推移

(百万円、%)

	(年/月期)	14/12	15/12	16/12	17/12	18/12
売上高	全社	1,122	1,915	3,081	4,565	9,340
	SPEEDA	1,101	1,555	2,143	2,904	3,963
	NewsPicks	22	359	938	1,661	5,376
営業利益	全社	▲395	▲332	250	545	830
	SPEEDA	非開示	▲7	230	415	565
	NewsPicks	非開示	▲324	20	130	264
営業利益率	全社	▲35.26	▲17.34	8.11	11.94	8.89
	SPEEDA	非開示	▲0.45	10.73	14.29	14.26
	NewsPicks	非開示	▲90.25	2.13	7.83	4.91

は、上場した2016年12月期に営業黒字化しているものの、営業利益率はSPEEDAより低い状況が続いています。

　この背景には、それぞれの事業の設立時期とターゲットの違いがあると筆者は考えています。SPEEDAは、設立直後の2009年5月からサービスを提供しており、ユーザベースの代名詞となるサービスですが、NewsPicksは、2013年9月から始めた後発サービスです。そのため両者はユーザー数の拡大スピードが異なります。公開情報が3年分しかありませんが、SPEEDAのID数とNewsPicksの有料会員数の推移をみてみましょう。

　ユーザーの伸び率をみると、NewsPicksの方がSPEEDAより高そうです。それでも営業利益率がSPEEDAの方が高いのは、①NewsPicksと比べ、設備投資が安定期に入っている、②主たるユーザーが法人向けで、同じストックビジネスでも販売単価が高いとみられる、などが考えられます。

　SPEEDAは今後も安定的な収益源になりそうですが、一方で海外ID数をみると、国内に比べかなり少ない水準です。ユーザベースはSPEEDAとNewsPicks以外の新規事業を立ち上げており、今後も設備投資がかさみそうだと考えると、海外ID数を大きく引き上げて利益成長を図ることが必要だといえそうです。

事業別ユーザー数推移

(年/月期)	16/12	17/12	18/12
SPEEDA ID	1,572	2,049	2,571
国内ID	1,404	1,827	2,276
海外ID	168	222	295
NewsPicks有料会員数	31,987	56,135	95,268

ケース18 ソニー
競合比較分析でみる業績復活

　競合比較分析はライバル企業との差に着目します。実例の方がイメージがわくと思いますので、大手電機メーカーのソニーとパナソニックのケースを取り上げましょう。

　ソニーとパナソニックの業績推移で大きく違うところは、ソニーの方が**かつては営業利益率が1%未満で最終赤字という、非常に厳しい状況だったのに、そこからパナソニックを上回る営業利益率にまで改善**している点でしょう。

　特に2017年3月期から2018年3月期にかけて、ソニーの営

ソニーの業績推移

(億円)

(年/月期)	15/3	16/3	17/3	18/3	19/3
売上高	82,158	81,057	76,032	85,439	86,656
営業利益	685	2,942	2,887	7,348	8,942
税引前利益	397	3,045	2,516	6,990	10,116
当期純利益	▲1,259	1,477	732	4,907	9,162

(%)

(年/月期)	15/3	16/3	17/3	18/3	19/3
売上高前期比	5.78	▲1.34	▲6.20	12.37	1.42
営業利益前期比	158.72	329.18	▲1.87	154.54	21.69
営業利益率	0.83	3.63	3.80	8.60	10.32

(注) ソニーは米国会計基準。

パナソニックの業績推移

(億円)

(年/月期)	15/3	16/3	17/3	18/3	19/3
売上高	77,150	76,263	73,437	79,821	80,027
営業利益	3,819	2,302	2,767	3,805	4,114
税引前利益	1,824	2,275	2,750	3,786	4,164
当期純利益	1,794	1,652	1,493	2,360	2,841

(%)

(年/月期)	15/3	16/3	17/3	18/3	19/3
売上高前期比	▲0.28	▲1.15	▲3.71	8.69	0.26
営業利益前期比	25.17	▲39.70	20.18	37.49	8.14
営業利益率	4.95	3.02	3.77	4.77	5.14

(注) パナソニックはIFRS (国際財務報告基準)。

業利益が大きく改善した理由の1つが、半導体事業です。半導体事業は、2017年3月期には、2016年4月の熊本地震で半導体事業の生産拠点が被害を受けたものの、この影響の一巡や、半導体市況の拡大で採算性が大きく改善し、営業黒字転換しました。

2018年3月期から2019年3月期にかけては、ゲーム＆ネットワークサービス事業の拡大が業績を牽引しました。一方でモバイル・コミュニケーション事業は営業赤字が拡大しており、スマホの採算性改善が急務といえるでしょう。

内外の会計基準の違い
継続事業とのれん償却費

　日本の上場企業は日本会計基準、米国会計基準、IFRS（国際財務報告基準、International Financial Reporting Standards）のどれかを選択しています。大半は日本会計基準に則っていますが、グローバル企業の一部は海外の会計基準を採用しています。内外の会計基準の違いを4点にまとめてみました。

　第1に、経常利益の有無です。右ページ上の表の中で最初に目につくのが、米国基準とIFRSには、経常利益がないことでしょう。内容が近いものとして、税引前利益が挙げられます。

　第2に、米国基準とIFRSでは特別損益の計上がありません。

　第3に、日本基準では「継続事業の区分」がありませんが、米国基準とIFRSにはあります。継続事業とは、現在も事業を行っているものをいいます。たとえば、IFRSを採用している農業機械メーカーのクボタは、2017年末に自動販売機事業から撤退し、富士電機に事業譲渡しました。そうした場合、2018年の決算発表時に自動販売機事業はすでにないので、決算数値の比較対象となる2017年の決算について、自動販売機事業がなかったという形に遡って修正する必要が生じます。すると、2017年の決算の数値が、2018年の決算書を読むと以前とは違

っていることになります。新しい決算が出るたびに、前年の数値が変わっていないかどうかのチェックが必要になります。

　第4に、のれん償却費の計上の違いです。日本基準では最長20年でのれん償却費を毎期計上します。米国基準やIFRSでは計上せず、買収先の財務状況を毎期チェックし、収益力が低下した場合などに減損損失を計上し、のれんを一括償却します。減損損失とは、資産の収益性が低下して、投資額の回収が見込めなくなった場合に、資産の帳簿価額にその価値の下落を反映させることです。日本基準では、のれん償却費の計上が長期にわたり利益率を押し下げる要因になることがあります。

日本基準、米国基準、IFRSの違い

	日本基準	米国基準	IFRS
経常利益の有無	あり	なし（税引前利益）	なし（税引前利益）
特別損益の計上	あり	不可	不可
継続事業の区分	不要	必要	必要
のれん償却費の計上	原則、20年以内に均等償却	収益力低下時に減損損失計上	収益力低下時に減損損失計上
主な導入企業	日本マクドナルドホールディングス ファナック JR東海 日本郵政	コマツ 東芝 ソニー トヨタ自動車 キヤノン 野村ホールディングス	武田薬品工業 パナソニック クボタ ソフトバンクグループ

クボタの自動販売機事業売却によるIFRSの会計処理

		2017年12月期	2018年12月期
実際の出来事		自動販売機あり	自販機なし（事業売却）
決算処理	変更前	自動販売機あり	自販機なし
	変更後	自販機なし扱い（遡及修正）	自販機なし

ニュース用語 11 M&A
株式取得、合併など取引形態はさまざま

のれん償却費が生じるのは、M&A（Merger and Acquisition）をした時です。M&Aは、直訳すると合併・買収で、企業買収の総称です。取引形態によって6つの種類があります。

①現金による株式取得：

現金を対価に株式の購入や公開買付け（TOB、Take-Over Bid）をする手法です。

②合併：

2つ以上の会社が契約によりその権利義務全部を他の会社に包括的に承継させ、1つの会社に合体する手法。合併当事会社のうち一方が存続し、他方が解散し存続会社に吸収されて消滅する吸収合併と、合併当事会社のすべてが解散・消滅し、新たに会社を設立する新設合併とがあります。

③株式交換：

ある会社の発行済株式の全部を他の会社に取得させ、100%子会社となる手法です。

④株式移転：

対象会社の株式を対象会社の株主から取得することにより、

対象会社を子会社化する手法です。

⑤**事業譲渡**：

会社が有する事業の一部または全部を取引行為として他の会社に譲渡する手法。事業を構成する債権債務、契約上の地位等を移転する場合、個々にその契約の相手方の承諾を得ることが必要です。この点が会社分割とは異なります。

⑥**会社分割**：

会社がその事業に関して有する権利義務の全部または一部を他の会社に包括的に承継させる手法です。

M&Aには、3つの戦略形態があります。

①**水平的M&A**：

同一の業種・業態の企業同士によるM&Aのことです。

②**垂直的M&A**：

製造 → 流通 → 販売、といったバリューチェーンの流れの中で、上流または下流にある企業を統合させる形です。

③**多角化型M&A**：

他業種・他業態の企業との間で行うM&Aのことです。

買収される企業の純資産額と買収額の差額をのれんといいます。日本の会計基準では、のれん償却費として最長20年間で均等償却します。逆に、**買収される企業の純資産額の方が買収額より高い場合には、負ののれんとして特別利益に計上**します。IFRSや米国会計基準では、均等償却しません。ただし、IFRSや米国会計基準には、買収先の収益力が低下した場合などに減損損失を計上し、のれんを一括償却するリスクがあります。

ケース19 三菱ロジスネクスト

ユニキャリア買収によるシナジー効果は？

のれん償却費及びM&Aの例として、三菱ロジスネクストを取り上げます。大手総合重機メーカー・三菱重工業の子会社で、京都府長岡京市にあるフォークリフトメーカーです。国内シェアは首位の豊田自動織機に次いで2位です。

以前は、ニチユ三菱フォークリフトという社名でしたが、2017年1月に国内3位だったユニキャリアを買収し、子会社化しました。その後、2017年10月に経営統合し、三菱ロジスネクストという社名に変更しています。買収によるのれん償却費の発生や営業利益への影響をみていきましょう。

2017年1月に買収しているので、2017年3月期の第4四半期からのれん償却費が26億円発生しています。2018年3月期では、98億円の計上です。四半期で約25億円発生している計算です。

旧・ユニキャリアの規模は2016年3月期は、売上高1,962億円、営業利益57億円、その前の2015年3月期は売上高1,841億円、営業利益95億円でした。つまり、好調時には100億円前後の営業利益を出せる会社でしたが、のれん償却費もまた約100億円発生しているので、旧・ユニキャリアはほぼ利益

業績推移

(億円)

(年/月期)	15/3	16/3	17/3	18/3	19/3
売上高	2,602	2,425	2,709	4,330	4,483
営業利益	90	100	105	92	131
のれん償却費			26	98	88

(%)

(年/月期)	15/3	16/3	17/3	18/3	19/3
売上高前期比	26.4	▲6.8	11.7	59.8	3.5
営業利益前期比	14.6	11.3	4.2	▲11.7	41.8
営業利益率	3.5	4.2	3.9	2.1	2.9

貢献がない、という計算になります。

これでは買収のメリットがないようにみえますが、三菱ロジスネクストは、固定費削減に取り組むことで、買収によるシナジー効果を出そうと努めています。この結果、2019年3月期の営業利益は131億円（前期比42%増）と、増益に転じました。具体的な取り組みとしては、旧・ユニキャリアと原材料の共同購買を行うことで原材料費を抑制したり、販売拠点の統合を行ったりするなどで、収益性の改善を図っています。

買収後、のれん償却費がのしかかることで減益インパクトが増すリスクはM&Aには付きものです。しかし一方で、シナジー効果を追求することで収益性の改善に取り組むのがM&Aのセオリーです。

第8章

株式指標分析はPER、PBRが基本指標

株主価値＝時価総額

　第8章では、株式指標分析を取り上げます。本題に入る前に、ここでは企業価値に関連する予備知識として、4点をご説明します。

①企業価値：

　企業全体の値段（経済的価値）です。概念上は、株主価値と有利子負債の合計額で表されます。企業価値評価（バリュエーション、Valuation）によって、理論上の企業価値を算定し、実際の企業価値との乖離をみます。この辺りはファイナンスの領域なので、本書では詳細は割愛します。

▶企業価値＝株主価値＋有利子負債

②株主価値（時価総額）：

　株主に帰属する価値です。上場企業の場合、「（株式）時価総額」のことです。時価総額は、売上高と同じく、企業の規模を表す尺度の代表例です。株価×自社株控除後発行済株式総数で構成されます。

> **株主価値＝（株式）時価総額**
>   **＝株価×自社株控除後発行済株式総数**
> ▶自社株控除後発行済株式総数＝発行済株式総数−自社株

　自社株控除後発行済株式総数とは、発行済株式総数から自社株を差し引いたものです。発行済株式総数とは、会社が実際に発行した株式の数です。自社株とは、自社で保有している株式です。自社株は会社が持っていて株式市場で流通していませんので、発行済株式総数から控除することで、株式市場の実態に合ったものにします。

　時価総額が大きな会社の株式を大型株、小さな会社の株式を中小型株といいます。大型株と中小型株の絶対的な線引きの定義はありませんが、時価総額2,000億円を超えているかいないかで分ける見方があります。

③株価：

株式の価格のことです。上場企業の場合、日々、株式市場で取引されることで変化します。保有している株式の価格が変動することで得られる収益をキャピタルゲインといいます。

④配当：

企業から株主に対する利益の分配です。株主が保有する株数に比例して分配されます。決算期末の時点で分配されるのが通常です。第2四半期決算時に行う配当を中間配当、第4四半期決算時に行う配当を期末配当といいます。株式を保有することで継続的に受け取ることのできる現金収入

のことを**インカムゲイン**といいます。

　配当は必ず実施されるわけではなく、赤字の年には配当がないことがあります。これを無配といいます。逆に、配当を中断していた状態から配当を復活させる状態に戻すことを復配、配当を増やすことを増配といいます。

売上規模と時価総額は比例しない

　企業の規模を表す尺度として売上高と時価総額がありますが、それらはどう違うのでしょうか？

　売上高は、製品・サービス市場の尺度です。製品やサービスを購入するのは、顧客です。売上高はすべての収益の基本であり、その規模がわかれば、上場、非上場を問わず、すべての企業同士の比較が可能です。業界全体の売上規模がわかれば、その企業の市場シェアを推計することができます。

　時価総額は、株式市場の尺度です。投資家による評価といえます。上場企業の場合、株式市場で取引されているので、日々の時価総額を把握することが可能です。一方、非上場企業の時価総額は、企業価値評価（バリュエーション）によって理論上の価値算定を行わないと、わかりません。

　注意が必要なのは、「**売上規模が大きければ、時価総額も大きい**」というわけではないことです。売上高は顧客、時価総額は投資家と、評価する主体が異なります。また、売上高として実現するのは現在の製品・サービスの評価ですが、**時価総額は将来の事業成長を見据えた評価**ですので、評価対象となる時点も異なります。

　将来の事業成長が早期に見込める会社であれば、時価総額は大きくなりやすいでしょう。逆に、売上規模が大きくても、事業成長が緩やか、あるいは後退している会社の場合は、時価総額がそれほど大きくない、ということも起こりえます。

PERは純利益から、PBRは自己資本から求める

株式指標分析の代表指標に、PERとPBRの2つがあります。

PER（Price Earnings Ratio）は株価収益率と呼ばれます。企業の収益に対して、株価が割安かどうかをみる株式指標です。

PERとその計算に使う1株当たり純利益（EPS、Earnings Per Share）は、次の式で表されます。

▶ PER（倍）= $\dfrac{時価総額}{親会社株主に帰属する当期純利益}$
        = $\dfrac{株価}{EPS}$

▶ EPS（円）= $\dfrac{親会社株主に帰属する当期純利益}{自社株控除後発行済株式総数}$

分子は時価総額、分母は親会社株主に帰属する当期純利益です。1株単位で考えれば、分子は株価、分母は1株当たり純利益となります。基本的に、分母の純利益には予想値が使われます。

PERの単位は倍です。この数値が低ければ割安、高ければ割高とみます。どれくらいが割安か、割高かは絶対的な基準はなく、競合他社との比較などによって判断します。

赤字企業の場合には、分母の利益がマイナス値になっているのでPERは使えません。赤字企業は他の指標を使って分析します。

　PBR（Price Book-value Ratio）は株価純資産倍率と呼ばれます。企業が持つ資本に対して、株価が割安かどうかをみる株式指標です。単位は倍です。

　PBRと、その計算に使う1株当たり純資産（BPS、Book-value Per Share）は、次の式で表すことができます。

▶ PBR（倍）＝ $\dfrac{時価総額}{自己資本}$ ＝ $\dfrac{株価}{BPS}$

▶ BPS（円）＝ $\dfrac{自己資本}{自社株控除後発行済株式総数}$

　PBRの分子は時価総額、分母は自己資本です。自己資本は純資産から非支配株主持分と新株予約権を差し引いて求めます。自己資本は基本的には実績値を使いますが、予想値を使う場合もあります。BPSは、自己資本を自社株控除後発行済株式総数で割って求めます。

　BPSは会社の全資産を売却した場合に、株主が1株につき手にする金額です。PBRが1倍を下回る場合、全株式を買って会社の資産を売却すれば利益が出る状態なので、株価は割安な水準にあると判断されます。逆に、1倍より高ければ割高とされます。

PSRは売上高、PCFRはCFをもとにした指標

PER、PBRほど知られていませんが、PSRとPCFRという株式指標もあります。

PSR（株価売上高倍率、Price to Sales Ratio）は、企業の売上高に対して、株価が割安かどうかをみる指標です。単位は倍です。分子は時価総額、分母は売上高です。

倍率が高いほど、株価は割高と判断されます。

PSRは新興成長企業の株価水準を測定する指標として用いられています。理由は、新興成長企業の場合、営業赤字であることも多く、赤字だと、PERなどの利益関連の指標では評価ができないからです。PSRもPERやPBRと同様、倍率が低ければ割安、ということになります。

- PSR（倍）＝ $\dfrac{時価総額}{売上高}$

  ＝ $\dfrac{株価}{1株当たり売上高}$

- 1株当たり売上高 ＝ $\dfrac{売上高}{自社株控除後発行済株式総数}$

PCFR（株価キャッシュ・フロー倍率、Price Cash Flow Ratio）は、企業のキャッシュ・フローに対して、株価が割安かどうかを見る指標です。単位は倍です。分子は時価総額、分母は親会社株主に帰属する当期純利益に減価償却費を加えたものです。分母を営業キャッシュ・フローとするケースもあります。

倍率が高いほど、株価は割高と判断されます。

▶ $\text{PCFR（倍）} = \dfrac{\text{時価総額}}{\text{親会社株主に帰属する当期純利益} + \text{減価償却費}}$

$= \dfrac{\text{株価}}{\text{1株当たりキャッシュ・フロー}}$

▶ 1株当たりキャッシュ・フロー

$= \dfrac{\text{親会社株主に帰属する当期純利益} + \text{減価償却費}}{\text{自社株控除後発行済株式総数}}$

配当利回りと配当性向

　配当の水準を評価する指標として配当利回りと配当性向の2つと、企業の株主還元の2つの方法、さらにこれを評価する指標をご紹介します。

▶ 配当利回り：

株価に対して、1年間でどれだけの配当を受けることができるかを示す数値です。

▶ 配当利回り $= \dfrac{1株当たり配当金}{株価} \times 100$ （％）

▶ 配当性向：

利益の中からどれだけ配当の支払いに回したかを表す指標です。配当の支払いについてどれほどの余力を持っているかがわかります。

　株主にとっては、配当性向は高い方が多くの配当を得られるので望ましいです。半面、企業の継続的な成長を考えると、設備投資にも資金を回す必要があるため、配当性向が高い会社＝いい会社、という図式が必ず成り立つわけではありません。継続的な成長とのバランスが大事です。

- 配当性向 $= \dfrac{配当金総額}{親会社に帰属する当期純利益} \times 100$ （%）

　　　　$= \dfrac{1株当たり配当金}{1株当たり当期純利益} \times 100$ （%）

株主還元の方法としては、増配と自社株買いの2つがあり、これを評価する指標として、総還元性向があります。

- **増配**：

企業が配当を増やすことで、株主にとってはメリットがあります。大幅増益の年や会社の記念の年に増配する時、特別配当、記念配当などとして、通常の配当に上乗せしたことを表明する場合があります。

- **自社株買い**：

企業が自社株を購入することです。株主にとっては、自社株控除後の発行済株式総数が減ることで、1株当たりの配当金の増加などが期待できます。

- **総還元性向**：

企業における株主還元の度合いを表す指標の1つです。配当性向の分子に自社株買いを加味します。株主にとっては、配当性向と同様、高い方が多くの還元を得られるので望ましいのですが、企業の事業成長とのバランスも踏まえてみる必要があります。

- 総還元性向 $= \dfrac{配当金総額+自社株買い}{親会社に帰属する当期純利益} \times 100$ （%）

会社計画、市場コンセンサス予想、会社四季報予想の違い

　株式指標分析では、実績値だけでなく、予想値を使った分析も行われます。そのため、会社計画、市場コンセンサス予想、会社四季報予想の3つの予想値を知っておくと便利です。

　まず会社計画（経営者予想、会社予想）は、上場企業が作成・公表する新年度予想です。業績予想と呼ぶ場合もありますが、アナリスト予想と区別が付きにくいので、注意が必要です。

　売上高、営業利益、経常利益、当期純利益の4つの予想値を開示するのがスタンダードです。多くの企業は、第2四半期累計（中間期）予想と、第4四半期累計（年間）予想を開示しています。また、数値をたとえば100億〜120億円というふうにレンジで出す会社もあります。

　証券業界のように、激しく状況が変わる業種の場合には、予想値を開示していないこともあります。

　会社計画は、企業の決算短信に記載されているもので、誰でも入手できる公開情報です。

　2番目に、市場コンセンサス予想は、アナリストが発行するアナリストレポートで出されている予想値の平均値です。ここでいうアナリストとは、証券会社や独立系調査会社などで産業・

企業調査をもとに、個別株の分析・評価を行う専門家です。

市場コンセンサス予想は、Bloomberg（ブルームバーグ）や日経QUICK、IFIS（アイフィス）などで集計しています。Bloombergや日経QUICKは契約をしていないとみられませんが、IFISは、IFIS株予報というインターネットサイトで個別企業ごとに市場コンセンサス予想が得られます。

大型株の場合には、複数社のアナリスト予想があり、その平均値が市場コンセンサス予想となっていますが、中小型株の場合、アナリスト予想が1社しかなかったり、アナリスト予想自体がなかったりする（どの会社のアナリストもカバーしていない）ケースがみられます。また、予想の掲載内容は、アナリストによってまちまちです。

3番目に、会社四季報予想は、東洋経済新報社の『会社四季報』に掲載されている予想値です。記者が取材し、毎四半期、予想値を更新しています。市場コンセンサス予想と異なり、上場企業全社を網羅しています。誰でも購入でき、機関投資家を含め、多くの投資家が参考にしています。

会社計画と市場コンセンサス予想と会社四季報予想はしばしば数値が異なっています。会社計画よりも市場コンセンサス予想や会社四季報予想の数値の方が大きい場合には、会社計画が保守的に組まれている、とみられているケースが多いです。

企業が決算発表で公表した実績値がこれら3つの予想値を上回っている場合には、予想よりよかったと「好感」されて株価が上昇することがあります。逆に、実績値がこれらの予想値を下回っている場合には、悲観されて株価が下落することがあります。

知っておきたい株式分割と株式併合

　ここでは、株式分割と株式併合について取り上げます。発行済株式総数が変わるイベントとして押さえておきたいものです。

　株式分割とは、資本金を変えずに株式を分割することです。発行する株式の流通量を増加させたい時などに利用される、新株発行の一種です。株式分割を実施すると、発行済株式総数が増えることになります。

　たとえば、1株から2株に分割する場合、発行済株式総数は2倍になり、1株に対してさらに1株が無償で、既存の株主に対して配られることになります。既存の株主の持株数は2倍になりますが、株価は2分の1になり、時価総額そのものに変動はありません。すべての株主の持株数が均等に増加するため、持株比率の変動もありません。

株式分割のポイント

発行済株式総数	分割比率に応じて増加する 例：1株→2株の場合、2倍になる
株価	分割比率に応じて減少する 例：1株→2株の場合、2分の1になる
時価総額	理論上、変動なし

株式併合とは、資本金を変えずに株式を併合することです。すでに発行されている株式数を減らすために、複数の株式を1株に統合することをいいます。株式併合を実施すると、発行済株式総数が減ることになります。

たとえば、2株から1株に併合する場合、発行済株式総数は2分の1になります。既存の株主の持株数は2分の1になりますが、株価は2倍になり、時価総額そのものに変動はありません。

株式併合のポイント

発行済株式総数	併合比率に応じて減少する 例：2株→1株の場合、2分の1になる
株価	併合比率に応じて増加する 例：2株→1株の場合、2倍になる
時価総額	理論上、変動なし

では、株式分割や株式併合をした場合、過去の発行済株式総数はどうなるのでしょうか？

その場合には、過去に修正があったとみなして、遡及修正します。たとえば、株式分割で1株→2株と2倍になった場合、過去の発行済株式総数も同じように2倍に修正されます。

株式併合の場合には、この逆になります。過去の発行済株式総数が変わりますので、過去のEPS（1株当たり当期純利益）やBPS（1株当たり純資産）など、「1株当たり」とつく指標も変わることになります。

087

ケース20 トラスコ中山
類似他社と株式指標を比較

　トラスコ中山のケースで、MonotaROと比較しながら、株式指標をみていきましょう。トラスコ中山は、機械工具・消耗品の卸売業者です。MonotaROは、機械工具・消耗品の小売業者です。両社は競合関係ではなく、協業関係にありますが、業態が似ているため、類似他社として比較してみましょう。

　両社を比較すると、売上規模は、トラスコ中山の方が大きいです。しかし、時価総額はというと、MonotaROの方が3倍はある状況です。

　株式指標をみると、PBRは、トラスコ中山は割安の基準とされる1倍を上回っていますが、MonotaROは20倍を上回っており、大きな差があります。2019年12月期の予想PERをみると、トラスコ中山は14.78倍であるのに対して、MonotaROは55.67倍と、かなり高い水準です。

　両社のPBR、PERの数値を比較すると、トラスコ中山の方が水準としては割安感があるようです。しかし、MonotaROにこれだけの高い評価がついているのは、なぜでしょうか?

　考えられる要因としては、業績の成長スピードです。売上高、営業利益ともに、MonotaROは毎年2桁成長を続けています。

トラスコ中山とMonotaROの業績及び株式指標推移

トラスコ中山	15/12	16/12	17/12	18/12	19/12
	実績	実績	実績	実績	予想
売上高（億円）	1,665	1,770	1,950	2,142	2,330
営業利益（億円）	129	141	142	143	150
営業利益率（%）	7.8	8.0	7.3	6.7	6.4
売上高（前期比、%）		6.3	10.2	9.8	8.7
営業利益（前期比、%）		9.1	0.8	0.6	4.4
時価総額（億円）	1,558	1,614	2,166	1,910	1,522
PBR（倍）	1.59	1.53	1.91	1.58	1.25
PER（倍）	18.90	16.20	21.29	19.64	14.78

MonotaRO	15/12	16/12	17/12	18/12	19/12
	実績	実績	実績	実績	予想
売上高（億円）	575	696	883	1,095	1,362
営業利益（億円）	70	94	118	137	165
営業利益率（%）	12.3	13.6	13.4	12.6	12.1
売上高（前期比、%）	28.1	21.0	26.8	24.0	24.4
営業利益（前期比、%）	63.9	33.9	24.7	16.5	19.9
時価総額（億円）	4,165	2,962	4,469	6,750	6,522
PBR（倍）	33.13	17.40	19.36	22.83	21.40
PER（倍）	93.79	46.42	52.76	70.93	55.67

（注1） 予想の株価は2019年6月28日時点。PBRは実績値ベース。決算期の表示は「年／月期」。

（注2） トラスコ中山は2014年に決算期変更をしたため、2015年12月期の前期比はなし。両社の予想は、2019年6月末時点の会社計画。

一方、トラスコ中山は、売上高は成長を続けていますが、営業利益は2017年12月期と2018年12月期の直近2年間では停滞しています。両社の会社計画通りに行けば、2019年12月期では、トラスコ中山の営業利益は、MonotaROに追い抜かれることになります。

このようにトラスコ中山の利益成長が停滞している背景として、物流センターの拡充などによる先行投資があります。先行投資期間を終えて高成長路線へと進化すれば、投資家からの評価が上がる可能性があります。

ケース21 新明和工業
旧村上ファンド出資後に株主還元策を実施

　配当性向の例として、新明和工業を取り上げたいと思います。兵庫県宝塚市にある航空機器メーカーです。

　新明和工業は2019年1月21日、「株主価値の向上に向けた株主還元の実施について」と題するプレスリリースを発表しました。それは株主への手厚い還元をうたった衝撃的ともいえる内容で、次の3点を柱としています。

①株主還元策として、2019年3月期～2021年3月期の連結配当性向を40～50％の水準で維持する
②2020年3月期の総還元性向を70～80％とする
③400億円の自己株式公開買付けの実施（450億円の借入金で資金調達）

　新明和工業は、それに先立つ2018年5月15日、3年後の2021年3月期に向けた中期経営計画を策定しています。それは、2021年3月期の売上高2,300億円、営業利益140億円、ROE8％を目指す、連結ベースで配当性向40～50％を基本とする、という内容でした。

　ここから、2019年1月21日の公表内容で、株主還元策につ

いては、総還元性向70〜80％という、株主にとってさらなるメリットのある方針の修正がなされたことになります。しかし、新明和工業は、この株主還元策を公表する直前、2019年1月8日に配当計画を増額修正したばかりでした。それから2週間ほどしか経っていません。

　このような大きな変化が生じたきっかけとして、旧村上ファンド関係者が運営する大株主レノが、新明和工業の株式に投資していたことが影響したのでは、と筆者はみています。レノが出資比率で5％を超える大株主と判明したのは、2018年4月です。

　大株主となる機関投資家から投資を受け、それをきっかけに企業が株主還元策を強化した、というケースはしばしば見受けられます。

　たとえば、ロボットメーカーのファナックは、2015年4月に連結配当性向を従来の2倍の60％に引き上げると発表しました。ファナック株を取得した、米国のヘッジファンドであるサード・ポイントが大規模な自社株買いと配当引き上げを要求したことがきっかけとみられます。

　このように、上場企業の経営に自らの考えを表明して積極的に関わる株主は「モノ言う株主」、「アクティビスト」などと呼ばれます。

　モノ言う株主が大株主になった時には、企業の株主還元策が強化される可能性が出てくるため、注意しておくとよいでしょう。

ニュース用語 12 ２つのコード
機関投資家と上場企業が守るべき行動規範

　証券市場には、機関投資家と上場企業が守るべき２つの行動規範があります。スチュワードシップ・コードとコーポレートガバナンス・コードです。

　これらは「企業価値の向上を促す車の両輪」とされています。コンプライ・オア・エクスプレイン（Comply or Explain）の精神の下、原則を実施するか、さもなければ実施しない理由を説明するかを求めています。

　機関投資家とは、大量の資金を使って株式や債券で運用を行う大口投資家を指し、具体的には生命保険会社、損害保険会社、信託銀行、普通銀行、信用金庫、年金基金、共済組合、農協、政府系金融機関などがあります。

　まず、スチュワードシップ・コードとは、企業の持続的な成長を促す観点から、機関投資家が企業との建設的な対話を行い、適切に受託者責任を果たすための原則です。ひとことでいえば、対話を通じて企業の中長期的な成長を促すことがうたわれています。コードとは、規則を意味します。

　スチュワードシップ・コードは、投資先企業への監視や対話が不十分であったことが2008年のリーマンショックを招いた

との反省から、2010年にイギリスで初めて定められました。日本ではこれを参考に、金融庁が2014年2月に日本版スチュワードシップ・コード（「責任ある機関投資家」の諸原則）を制定・公表し、2017年5月に改訂しました。機関投資家について、投資先企業の状況を的確にチェックする、議決権行使の方針をつくり、個別の企業及び議案ごとに賛否を公表する等々、7つの原則を定めています。

次に、コーポレートガバナンス・コードとは、上場企業が守るべき企業統治の行動規範のことです。企業家精神に富んだ経営を行い、利益を長期的成長につなげたり、従業員や株主へ還元したりするよう促すため、取締役会のあり方、役員報酬の決め方などを定めた指針です。

1992年にイギリスで初めて設けられ、ヨーロッパ諸国のほかシンガポール、香港などでも策定されています。日本では東京証券取引所と金融庁が日本版コーポレートガバナンス・コードを制定し、2015年6月から上場企業に適用しています。

日本版コーポレートガバナンス・コードは、5つの基本原則からなっています。①株主の権利・平等性の確保、②株主以外のステークホルダーとの適切な協働、③適切な情報開示と透明性の確保、④取締役会等の責務、⑤株主との対話です。

東証の上場企業には社外取締役を2人以上選任し、少なくとも3分の1以上の社外取締役を選任することが必要と考えられ、そのための取り組み方針を開示すべきとしています。2018年6月に改訂し、政策保有株縮減の方針の開示、経営トップの選任・解任手続きの透明性、女性の活躍推進を含め、社内の多様性を確保することなどを求めています。

090

ニュース用語 13 フェア・ディスクロージャー・ルール

情報開示の公平性を法制化

090 でご紹介した2つのコードが行動規範であるのに対して、フェア・ディスクロージャー・ルールは法的な規制です。

フェア・ディスクロージャー・ルールとは、公表前の内部情報を特定の第三者に提供する場合に、当該情報が他の投資家にも同時に提供されることを確保するためのルールです。2018年4月に改正金融商品取引法によって導入されました。

増資や業績予想の大幅修正など、投資判断に重要な影響を与えるような情報で未公表のものを、大株主、アナリストなど特定の第三者にだけ提供することを禁止しています。選択的開示の禁止です。

このルールは、もし特定の第三者に提供する場合には、その情報が他の不特定多数の投資者にも同時に提供されるように必要な措置を取らなければならない、と定めています。投資者間の公平性の確保と、インサイダー取引の防止が狙いです。

特に問題となったのが、進行期間中の情報開示です。たとえば、3月決算の上場企業の場合、2018年12月時点では、2018年10-12月期の決算情報はまだ開示しておらず、それは進行期間中の情報に当たります。もしもこの時点で、上場企業が

2018年11月の月次売上高の情報を特定の投資家に情報伝達すると、その投資家は、2018年10-12月期の決算がどのようになるのか、予想がつきやすくなります。こうした行為が選択的な情報提供に当たるとされ、禁止されることとなりました。

もしも一部のみに情報を開示してしまった時には、①EDINETによる法定開示、②2以上の報道機関への公開、③TDnetによる適時開示、④企業のコーポレートサイトへの掲載の4つの方法による情報開示が求められます。

EDINETとTDnetは、詳しくは 091 でご紹介しますが、誰でもみることのできる公的機関のインターネットサイトです。その狙いは、誰でも情報が入手できるように公にすることです。

金融庁の説明資料によれば、フェア・ディスクロージャー・ルールが導入されたきっかけは、①上場企業が証券会社のアナリストに未公表の業績に関する情報を提供し、アナリストが所属する証券会社がその情報を顧客に提供して株式の売買の勧誘を行っていた事例が複数発覚したこと、②欧米やアジアの主要市場では、FDルールがすでに導入済みであること、の2つであるとしています。

①に関連して金融庁は、2015年12月にドイツ証券に対して、2016年4月にクレディ・スイス証券に対して、相次いで行政処分をしています。

これらの行政処分を受けて、証券業界では、日本証券業協会が2016年9月に自主規制ルールを制定・公表しました。一方、事業会社側には規制がなかったため、2018年4月にフェア・ディスクロージャー・ルールが導入されることとなったわけです。

第9章

決算情報や補足情報を収集する

情報収集に便利な4つのサイト

　読者のみなさんが決算書を分析するにあたり、TDnet、EDINET、Yahoo!ファイナンス、コーポレートサイトの4つのサイトは、情報収集の取っかかりとして、よく使うことになるでしょう。

　最初に、TDnet（ティー・ディー・ネット、Timely Disclosure network）とは、東京証券取引所が運営する適時開示情報伝達システムです。

　上場会社が適時開示ルールに則り、会社情報の開示を行うために使用します。TDnetにおける開示は、インサイダー取引規制上の「公表」行為とされており、TDnetによる情報開示は、インサイダー取引リスクをなくす効果があります。

　掲載される内容は、決算短信やその他、上場企業が公表するプレスリリースなどの適時開示資料です。公開された資料はPDFファイルで、開示日を含め約1カ月分の情報が適時開示情報閲覧サービスで検索・閲覧可能になっています。企業が公開したばかりの情報は、このサイトでチェックします。

　2番目のEDINET（エディネット、Electronic Disclosure for Investors' NETwork）は、金融庁の所管で、金融商品取引法

に基づく有価証券報告書などの開示書類に関する電子開示システムです。

有価証券報告書、有価証券届出書、大量保有報告書などの開示書類について、提出から公衆縦覧などに至るまでの一連の手続きを電子化するために開発されたシステムです。**有価証券報告書や四半期報告書は、このサイトでチェックします。**

3番目の**Yahoo! ファイナンス**は、ヤフーが運営する金融情報サイトです。上場企業各社の**日々の株価情報**を得ることができます。**長期間の株価データ**も公開情報で得ることが可能です。また、上場企業ごとにニュースのタブがあり、決算発表、アナリストレポートの発行などの関連ニュースをチェックすることができます。

企業の株価は、このサイトでチェックできます。株式分割や株式併合を実施した際には、調整後の株価を掲載しています。

4番目の**コーポレートサイト**は、上場企業各社のサイトです。決算短信、決算説明資料、プレスリリースなどの情報を得ることが可能です。

情報の充実度は、企業によって異なります。たとえば、決算発表をしたのに、同時に決算短信をコーポレートサイトに掲載していない企業がたまにあります。**決算発表時には、TDnetでチェックする方が無難です。**また、コーポレートサイト上で、有価証券報告書や四半期報告書は、EDINETでチェックするように促しているケースがあります。

過去の決算短信や決算説明資料は、各企業のコーポレートサイトでチェックできます。多くの企業では、該当ページを**「IR情報」**または**「株主・投資家情報」**と記載しています。

決算短信は速報性がメリット

　決算短信とは、上場企業が証券取引所の適時開示ルールに則って決算発表時に作成する、共通の形式の書類です。決算発表後、決算分析をタイムリーに行うには、TDnetにアクセスして短信をチェックするのがベストです。

　通期決算短信（第4四半期決算短信）は、決算期末から45日以内に開示されることが適当とされ、30日以内の開示がより望ましいとされています。四半期決算短信（第1・第2・第3四半期の決算短信）は、四半期報告書の提出日よりもある程度前に開示することが適当とされており、目安としては決算期末と同等以上でかつ、30日以内が望ましいとされています。

　決算短信からは、次のような情報を読み取ることができます。

①直近の会社計画：

　第2四半期、第4四半期の会社計画です。売上高、営業利益、経常利益、親会社に帰属する当期純利益が記載されています。第3四半期決算では、第2四半期の会社計画は載っていません。また、会社によっては、第2四半期や第4四半期の会社計画を開示していない場合もあります。

②定性的情報：

決算の内容に関する説明です。事業別に記載されていることが多いです。会社によっては、この説明文の中だけに受注高や事業別の営業利益を記載していることもあるため、文章をくまなくチェックする必要があります。

③セグメント情報：

事業別、製品・サービス別、所在地別、仕向地別の売上高や利益を開示しています。どのくらい開示するかは企業によってまちまちです。セグメント情報の見方は 075 でお話ししました。

決算短信の確認のポイントは、1ページ目のサマリー情報（損益計算書の結果と会社計画の変更の有無）と、セグメント情報（事業別、所在地別、仕向地別）、受注高、受注残高などです。

サマリー情報は、各社、おおむね共通していますが、セグメント情報（事業別、所在地別、仕向地別）、受注高、受注残高は、会社によっては、決算短信に掲載していない場合があります。これを補うのが、有価証券報告書や四半期報告書、決算説明資料になります。

有価証券報告書は確報となる情報源

有価証券報告書は、事業年度ごとに作成される、企業内容の外部への開示資料です。金融商品取引法で規定されています。有報と呼ばれることもあります。各事業年度の終了後、3カ月以内の金融庁への提出が義務づけられています。

第1四半期、第2四半期、第3四半期では、四半期報告書がEDINETで情報開示されます。四半期報告書は、毎四半期末日から45日以内の提出が義務づけられています。

四半期報告書は、決算短信より少し遅れる程度ですが、通期決算である有価証券報告書は、原則として、株主総会終了後にEDINETで情報開示されるため、3月決算の会社の場合、6月下旬になり、情報開示がだいぶ遅くなります。

そのため投資家などは、速報は決算短信、確報は有価証券報告書でみることになります。

有価証券報告書の情報量は、決算短信に比べてはるかに多いです。決算短信には通常掲載されず、有価証券報告書で得られることが多い情報を10点ほど挙げてみましょう。

まず、①会社の沿革です。会社の歩みが直近に至るまで詳細に載っています。過去の社名変更や合併などもわかります。②

「関係会社の状況」という項目では、どんな連結子会社などがあるかが開示されています。③従業員については、従業員数や平均年齢、平均勤続年数などが載っています。

　④生産、受注及び販売の実績が、「事業の状況」という項目の中にあります。決算短信で受注高や受注残高を開示していない会社でも、ここでそれらを開示していることがあります。

　また、⑤事業等のリスク、⑥研究開発活動、⑦設備の状況が掲載されています。⑦から設備投資への取り組みを知ることができます。

「提出会社の状況」という項目からは⑧所有者別状況、すなわち株主の構成や、⑨大株主の状況がわかります。⑩コーポレート・ガバナンスの体制・取り組みも説明されています。

　有価証券報告書や四半期報告書は、決算情報の確報です。決算短信は速報であることから、決算を公表することが優先されます。決算短信に受注高や受注残高を掲載していない場合でも、有価証券報告書や四半期報告書にはそれらを掲載していることがあります。また、セグメント情報も、決算短信では掲載していなくても、同様に掲載している場合があります。

　このように、有価証券報告書や四半期報告書は、決算短信ではフォローしきれない分析情報を補足する役割があります。なお、有価証券報告書や四半期報告書には、決算短信と異なり、会社計画は載っていません。

決算説明資料は充実した任意の情報源

　決算説明資料は、上場企業が任意で情報開示する決算資料です。

　多くの上場企業は、決算発表後にアナリストや機関投資家向けに決算説明会を実施しています。決算説明資料はそこで配布されるもので、多くの場合、企業のコーポレートサイトにも掲載されます。

　決算説明会は年2回、第2四半期と第4四半期に行われるケースが多いですが、毎四半期開催されるケースもありますし、まったく実施しない企業もあります。開催頻度が高い会社ほど、決算説明資料の内容も充実しています。

　決算説明資料はもともとアナリストなどのプロ向けに作成されたものです。それを読み込むことができるようになっておくと、会社の決算がより詳しくわかってきます。

　決算説明資料に載っている主な情報は、次の4点です。

①利益増減要因分析：

　どのような要因で増益になったのか、あるいは減益になったのかを要因別にまとめたものです。営業利益を使うこと

が最も多いです。

　第2四半期決算の際には、第2四半期の実績と第4四半期の計画に関する増減要因分析が掲載されます。

　第4四半期決算の際には、前期の実績と新年度の会社計画に関する増減要因分析が掲載されます。

②**会社計画のセグメント別業績**：

会社計画のセグメント別業績（売上高、営業利益または経常利益）です。会社側が想定している先行きをこの情報で読み取ることができます。

③**為替実績及び為替前提、為替感応度**：

終わった期の為替実績と、会社計画の為替前提です。1円変動した際の為替感応度（どれくらい影響を受けるか）を載せていることもあります。為替感応度については 069 をご参照ください。

④**設備投資、減価償却費の実績値及び計画値**：

設備投資の計画値は、会社側の設備投資の考え方を知ることができるので重要です。DCF法（Discounted Cash Flow）という企業価値評価の方法を駆使して理論株価を算定する際には、減価償却費、設備投資額、運転資本の増減の予想値を作成することになるため、減価償却費や設備投資の会社計画値が大事な情報になります。

適時開示情報、プレスリリースは直近の情報

　適時開示情報やプレスリリースには、会社側の直近の情報が掲載されています。適時開示情報とは、TDnetを通じてのプレスリリース情報です。プレスリリースとは、ここでは、TDnetを通じていない、企業が独自で出したプレスリリース情報と定義します。

　適時開示情報やプレスリリース情報はしばしば次の4つのケースで発表されます。

　第1に、月次売上高情報です。月次売上高に関しては、月単位で適時開示情報としてTDnetで公表する企業もあれば、自社のコーポレートサイトで公表する企業もあります。

　第2に、会社計画の修正です。第2四半期や第4四半期の会社計画を修正する際に、適時開示情報としてTDnetで公表します。決算発表と同時に会社計画を修正する場合には、決算短信に記載し、適時開示のプレスリリースは実施しない場合もあります。また、業績予想は修正せず、配当予想のみを修正する場合もあります。

　会社はどのような場合に計画を修正しなければならないのでしょうか。適時開示制度では、

①売上高に対して 10% 以上の変動（プラスまたはマイナス）
②営業損益、経常損益、当期純損益に対して 30% 以上の変動（プラスまたはマイナス）

のいずれかが生じる見込みとなった場合には、修正を公表しなければならない、とされています。

第3に、**企業が自社株買いをした時は、適時開示情報としてTDnetで公表**します。自社株買いとは、企業が発行した株式を、その企業が市場の時価で買い戻すことです。「自己株式取得に係る事項の決定」や「自己株式の取得状況の公表」などのケースがあります。

自社株買いをした株式を償却すると、発行済株式数や株主資本の減少につながり、EPS（1株当たり利益）を引き上げるほか、ROE（自己資本利益率）を向上させるメリットがあります。そのため、**自社株買いは株主に対する利益還元策**といえます。

第4に、**増資**を決定した場合、適時開示情報として TDnetで公表します。増資とは、企業が資本金を増加させることです。株式を新しく発行し、投資家から資金を集めます。

増資の方法としては、既存の株主に株式の割当てを受ける権利を付与する「株主割当増資」、提携先や取引先などの特定の第三者に対して引き受けの勧誘をする「第三者割当増資」、不特定多数の者に対して引き受けの勧誘を行う「公募増資」などがあります。

増資すると、発行済株式総数が増加し、EPSを引き下げるため、既存の株主にとってはマイナスの影響が生じます。これを株式の希薄化といいます。

096

日経新聞はビジネストークにも役立つ

　日本経済新聞は、日本を代表する経済新聞です。読売新聞、朝日新聞、毎日新聞などの主要新聞と異なり、経済記事に特化し、経済情報、企業業績情報が充実していることが特徴です。

① 1～5面はほぼ固定、経済記事が多い：

　1～3面が総合欄、4面が政治欄、5面が経済欄といった構成で、6面以降に企業の動きや業績などが続きます。他の主要新聞と異なり、政治的な記事が少なく、経済記事の割合が多いです。

②企業業績に関する記事が多い：

　企業業績に関する情報が充実しており、企業欄には記者の取材情報による独自の記事が載っています。

③独自の業績観測記事が掲載される：

　記者による独自の業績観測記事が企業欄に載っています。観測記事が企業にとってよい業績内容であれば、掲載された日に株価が上昇することがあります。逆に、悪い業績内容であれば、株価が下落することがあります。そのため、証券業界の関係者（アナリスト、機関投資家など）や、上

場企業のIR担当などは企業欄をよくみます。

④**日経電子版で過去の記事情報をみることができる**：

日経電子版を契約すると、過去の記事情報を検索してみることができます。日経テレコンというサービスを契約すると、日本経済新聞以外の日本経済新聞社の記事情報や、他社のサービス情報を検索してみることができます。

日経新聞の全ページを読むのは難しいとしても、日本経済の全体感をつかむ上では、次のようにチェックしておくとよいと思います。

まず、1〜5面まではすべて読むのが理想的です。ここは総合欄と経済・政治全体に関わる内容で、それらはビジネスパーソンの間で、日々、共通の話題になる可能性が高いからです。

6面以降は、時間的な制約もあると思いますので、気になった記事をピックアップして読めばよいでしょう。

企業欄の中では、読者自身に関連のある業界はぜひチェックしましょう。たとえば自動車メーカーにお勤めであれば、自動車・部品関連はもちろん、ITも含めて業界に関連する記事は、意識して読むようにしましょう。取引先の業界が多岐にわたるという場合には、各業界をまんべんなくチェックしたいところです。

なぜ、企業欄のチェックが必要かというと、業界の定点観測になるからです。同じ企業が3カ月後に、新たな決算情報で取り上げられることがあります。以前の記事を読んでいれば、業績の好転・悪化といった変化を通じて、その業界の景況感をも掴むことができます。

業界新聞は業界情報を補足

　日本経済新聞とともに重要な情報源になるのが、業界新聞です。特定の業界にフォーカスして発行しています。以下、主な業界新聞をご紹介します。

①**日経産業新聞**：

　日本経済新聞社が発行している、産業・企業情報に特化したビジネス総合紙です。朝刊のみで月〜金曜日に発行、**製造業の企業情報**を中心に報道しています。

　毎年7月前後に**主要品目のシェア調査**を発表しており、主要製品の市場シェアを掲載しています。以前は国内シェアと世界シェアの双方を掲載していましたが、2018年では、世界シェアのみの掲載となりました。

②**日刊工業新聞**：

　日刊工業新聞社が発行している産業・企業情報に特化したビジネス総合紙です。朝刊のみで、月〜金曜日に発行しています。**製造業の企業情報、経済官庁の政策情報**を中心に報道しています。射出成形機業界の月次受注台数情報など、この新聞しか報道していない業界情報もあります。

③日経 MJ：

日本経済新聞社が発行している消費と流通、マーケティング情報に特化した専門紙です。月・水・金曜日に朝刊のみ発行しています。流通業を中心に報道しています。「日経 MJ ヒット商品番付」は、新たな取り組み・トレンドを紹介し、その取り組み事例やメリット・デメリットなどを取り上げています。

主な業界新聞一覧

業界	新聞名	
製造業全般	日刊工業新聞	日経産業新聞
農林水産	日本農業新聞	水産新聞
建設	日刊建設工業新聞	日刊建設産業新聞
食料品	日本食糧新聞	食品産業新聞
繊維	繊維ニュース	繊研新聞
医薬品	薬事日報	日刊薬業
化学	化学工業日報	
自動車	日刊自動車新聞	
鉄鋼	日刊鉄鋼新聞	日刊産業新聞
電機・電子部品	半導体産業新聞	
エネルギー	電気新聞	ガス・エネルギー新聞
物流	日本流通産業新聞	
小売	日経 MJ	通販新聞
情報通信	日本情報産業新聞	
金融	日本証券新聞	株式新聞
不動産	日刊不動産経済通信	住宅産業新聞
教育	教育新聞	
観光	観光経済新聞	

アナリストはこうして記事をチェック

筆者の本業はアナリストですが、各新聞をどのようにチェックしているのかをご紹介します。

①日経新聞は総合欄、政治欄、経済欄をチェック

096で述べたように、1〜5面程度まではチェックしています。これはアナリストとして日々、多くの方々と会う中で、共通ネタになる情報ですので外せません。これに加え、国際欄もみています。

②企業欄は、自身に関連のある業界＋αをチェック

筆者は機械業界を中心にみているため、企業欄では機械業界の記事をまず探します。機械業界の場合、顧客となる業界が多岐にわたるため、最終的には全般をチェックしています。

③業界新聞をチェック

日経新聞だけでは業界情報を押さえるには不十分で、日経産業新聞と日刊工業新聞の2紙をチェックしています。といっても、2紙全部を読んでいるわけではなく、原則、機械業界に関連する記事が中心です。加えて、自動車業界にも注意しています。機械業界は、自動車業界と密接な関係にあるからです。

④業界新聞では業界統計などの独自情報をチェック

日経新聞には、ある業界に限定した情報はあまり載っていません。一方、業界新聞には、業界の主要経済統計や、独自に取材した経済統計、企業の月次情報などが掲載さ

れています。筆者はこれらをよくチェックして、景況感の観察に役立てています。

　たとえば自動車業界に関していえば、日刊工業新聞と日経産業新聞には、自動車メーカー大手8社の月次台数情報が載っています。世界生産台数、国内生産台数、海外生産台数、国内販売台数、輸出台数です。さらに日刊工業新聞には、トラックメーカー大手4社の普通トラックの月次販売台数が「トラック業界関係者がまとめた」情報として載っています。

　機械業界では、工作機械メーカー大手7社の月次受注情報が日刊工業新聞、日経産業新聞に載っています。日本工作機械工業会の月次受注額の公表の翌日に載っていることが通常です。また、掲載時期は不定期ですが、日刊工業新聞では、射出成形機の月次受注台数が載っています。日本産業機械工業会及び日本プラスチック工業会が取りまとめた情報ですが、日刊工業新聞しかない、独自情報です。

　このような**業界統計や大手各社の月次情報は、積み重ねていくと、景況感を判断する上で非常に役立ちます**。日経新聞のみでは、ここまでの情報は得られないため、詳細を調べるには業界新聞の情報は欠かせません。

アナリストレポートと『会社四季報』は業績予想をみる

　会社計画以外の業績予想として、市場コンセンサス予想と会社四季報予想があると 085 でご紹介しました。ここでは、市場コンセンサス予想が掲載されるアナリストレポートと、『会社四季報』についてお話しします。

　まず、アナリストレポートは、証券会社に所属するアナリスト、いわゆるセルサイドアナリストと、独立系調査会社のアナリストが発行するレポートです。

　資産運用会社に所属するアナリスト、いわゆるバイサイドアナリストもアナリストレポートを書きますが、資産運用会社内に公開が限定されています。

　個別企業のアナリストレポートには次のようなトピックが載っています。

①業績予想：
　アナリストによる業績予想です。期間は今期・来期の2期、再来期を含めた3期と、会社によってまちまちです。

②投資判断：
　調査対象としている上場会社への投資が「買い、中立、売

り」のいずれであるかの見解です。段階は3段階の場合もあれば、もっと多い場合もあります。また、投資判断をつけないアナリストレポートもあります。

③**目標株価**：

理論株価がいくらであるかを示したものです。理論株価とはアナリストの業績予想から算出した株価です。

　投資判断が「買い」の場合には、レポート発行時点の実際の株価よりも高い目標株価が示されます。「中立」の場合には、目標株価は直近の株価と大きくは変わりません。「売り」の場合には、目標株価は直近の株価を下回ります。

個別企業のアナリストレポート以外にも、レポートが発行されることがあります。業界全体の動向を書いたものはセクターレポート、働き方改革などのように、テーマに絞って書いたものは、テーマレポートと呼ばれます。

次に、『会社四季報』は、上場企業全社の業績や状況などを掲載した情報誌です。四半期ごと、3・6・9・12月の中旬に発行されます。

最大の特徴は、記者が企業への直接取材をもとに、今期・来期の2期分の業績予想を出していることです。これは**企業自身が発表する計画と異なる視点でみた、独自予想**です。個人投資家だけでなく、アナリストや機関投資家、M&Aのアドバイザーなどにもしばしば参考にされています。

また、事業内容から財務、株式関連まで、あらゆる情報が詰め込まれています。投資家には前号と今号を比べた場合の「業績修正変化記号」なども活用されています。

市場動向や競争環境の調べ方

　企業分析をするには、決算情報のほかに製品・サービスの市場動向や競争環境の情報も知りたいところです。市場動向は経済統計、競争環境は市場シェアから情報を得ることができます。

　企業分析に役立つ経済統計には次のようなものがあります。

①業界団体の統計：

　日本百貨店協会、日本自動車工業会、日本工作機械工業会などの統計はよく報道されています。そのほか多くの業界団体が出しています。

②官公庁統計：

　企業分析では、経済産業省の生産動態統計、商業動態統計、内閣府の機械受注統計などがよく参考にされます。

③企業のIR情報：

　たとえば日立建機の決算説明資料にある建設機械の油圧ショベル、タダノの決算説明資料にある建設機械の建設用クレーンなど、特定の製品に関する自社独自の調査や、業界団体の統計を掲載しているケースがあります。

④市場調査会社の統計：

主要な業界・製品に関しては市場調査会社が調べているケースがあります。たとえば、富士経済のロボット市場の調査報告書（毎年発刊）などです。

業界団体の経済統計は、発表が早いところでは、翌月の中旬に前月のデータが公表されます（例：日本工作機械工業会）。一方、官公庁統計では、ある月のデータが2カ月近く遅れて公表されるため、業界団体より情報が遅いです（例：経済産業省の生産動態統計）。企業IR情報は、月次ベースで公表される場合は比較的早いですが、四半期で公表される場合もあります。

こうした統計から市場規模とその変化がわかれば、調べたい企業が属している業界が拡大しているのか、成熟しているのかなど、どのような状況にあるのかがわかります。

市場シェアの情報源は主に2つあります。1つめは企業IR情報で、決算説明資料やコーポレートサイトに自社の市場シェア情報をていねいに開示している場合があります。

2つめは市場調査会社で、国内では矢野経済研究所や富士経済が有名です。外資系のIDCやガートナーは、パソコン、プリンター、スマートフォン、サーバーなどの業界の出荷額や市場シェアを四半期おきに推計し、公表しています。両社が推計する市場規模の推移や市場シェアは業界内で重要なベンチマークとなっているので、これらの業界を調べる場合には、不可欠な情報といってよいでしょう。

毎年の市場シェアを調べれば、業界内で順位が激しく入れ替わっているか、あるいは勝ち組、負け組が動かないのかといった競争の動向がわかってきます。

100

未上場企業や主要プレイヤーを調べるには

　本書では、上場企業の調べ方を中心に述べてきましたが、最後に、未上場企業、あるいは業界のトップ企業や主要プレイヤーを調べる方法をご紹介します。

　未上場企業に関しては次のような情報源があります。

①企業のコーポレートサイト：

　未上場企業の場合、上場企業のように決算短信を載せているケースは非常に少ないです。ただし、ヤンマーホールディングスのように、年に1度ですが、決算短信を作成し情報開示しているところもあります。

②日経テレコン：

　日本経済新聞社による情報データベースです。日経新聞などの新聞情報だけでなく、信用調査会社（帝国データバンクや東京商工リサーチ）の信用調査情報を検索して調べることができます。未上場企業の売上高でも、年単位であれば、情報として取れる可能性が高いです。有料です。

③信用調査会社の調査報告書：

　帝国データバンクや東京商工リサーチの調査報告書です。

企業1社ごとにあります。有料サービスで、日経テレコンの情報よりも高くはなりますが、信用調査会社の調査員による取材情報をもとにした、より詳細な情報を得ることができます。

④『会社四季報未上場会社版』：

東洋経済新報社が年1回刊行する、未上場会社の情報誌です。すべての未上場企業を掲載しているわけではありませんが、2019年版は1万2,500社をカバーし、市販の出版物では最も情報量が豊富です。

一方、上場、未上場を問わず、ある業界のトップ企業や主要プレイヤーを調べたい時には「業界地図」と銘打ったムックが便利です。

『会社四季報 業界地図』（東洋経済新報社）、『日経業界地図』（日本経済新聞社）などがあります。両方とも百数十業界を取り上げており、年1回、8月に刊行されています。

業界地図は、知らない業界を調べる際の取っかかりとして活用できます。

おわりに

◆財務分析スキルはビジネススキルのスタンダードに

財務分析スキルは今や、ビジネスのあらゆる場面で使われる、ビジネススキルのスタンダードになっています。

学校を卒業して就職する時には、これから勤める会社の財務三表をみて、財務状況がどうなっているかを知っておいた方が安全でしょう。新規の顧客と取引するにあたり、その会社の業績はチェックしておきたいところです。

経済紙、ビジネス誌を読むにしても、会計用語がわからないといっそう難しく感じられます。ビジネスに必要な情報を調べるスキルの1つとして、財務分析スキルは必須といえるでしょう。

◆財務分析の次はファイナンススキルへ

本書は、決算書の読み方を一から学びたいという読者のために、財務三表の説明からやさしい財務分析までを範囲としています。本書を通じて、スタンダードなビジネススキルとしての財務分析の知識をひととおりカバーできると考えています。

こうしたスキルをさらに深めたものとして、ファイナンススキルがあります。ファイナンス、特にコーポレートファイナンスの詳細については、筆者の『アナリスト直伝　使えるファイナンス入門』(日本経済新聞出版社)をご参照ください。

筆者の初めての著作である『アナリストが教える リサーチの教科書　自分でできる情報収集・分析の基本』(ダイヤモン

ド社）はビジネスリサーチを取り上げています。

　第3作である本書は財務分析、第2作はコーポレートファイナンス、ということで、第1作、第3作、第2作の順に三部作を通してお読みいただくと、一連の流れがつながるようになっています。

◆財務分析に関する資格への挑戦も

　本書をきっかけに財務分析への関心が深まり、関連する資格試験に挑戦したいという方もいらっしゃると思います。

　財務分析に関する資格を取りたい方は、まずは日商簿記検定2級までの勉強をするのが望ましいです。財務分析そのものの資格としては、ビジネス会計検定2級までの勉強をするのがよいでしょう。それ以上のレベルを目指す場合は、中小企業診断士、経営士、証券アナリスト、税理士、公認会計士などの資格があります。

　この本を執筆するきっかけは、財務分析のポイントを押さえた決定版となる本がないことでした。ビジネススクール在学中に何冊も本を読みましたが、なかなか頭に入らず、大変だったことを覚えています。

　本書では、財務分析の要点を整理するだけでなく、調べ方の項目も加え、この分野の基本的なビジネススキルが一冊で網羅的にわかることを目指しました。本書が読者のみなさんのスキルアップのお役に立てば幸いです。編集を担当された東洋経済新報社出版局の伊東桃子氏に厚く御礼申し上げます。

【著者紹介】
高辻成彦（たかつじ　なるひこ）
いちよし経済研究所（東証1部・いちよし証券の調査部門）シニアアナリスト。立命館大学政策科学部卒業、早稲田大学ファイナンスMBA。
経済産業省在職時は、産業連関表の時系列表作成に参画。ナブテスコ（東証1部）の広報・IR担当としては、日本IR協議会によるIR優良企業特別賞の所属会社初受賞に貢献。ユーザベース（東証マザーズ）のシニアアナリストとしては、SPEEDAの業界レポート作成や、経済ニュースアプリ・NewsPicksのコメント活動で、8万人以上のフォロワーを得る。
現職では取材活動をもとに年間200本以上のアナリストレポートを発行し、企業分析・企業価値評価を行う。日経ヴェリタスのアナリストランキング、トムソン・ロイターのアナリスト・アワード・ジャパンの機械部門にランクイン。J-MONEYによるベストリサーチハウス・ランキングの機械部門の所属会社ランクインに貢献。
主なTV出演歴は、BSテレビ東京・日経モーニングプラス。講演歴は、日経メディアマーケティング、宣伝会議など。

決算書100の基本
2019年9月5日発行

著　者──高辻成彦
発行者──駒橋憲一
発行所──東洋経済新報社
　　　　　〒103-8345　東京都中央区日本橋本石町1-2-1
　　　　　電話＝東洋経済コールセンター　03(5605)7021
　　　　　　https://toyokeizai.net/
装　丁……………………竹内雄二
本文レイアウト・DTP……森の印刷屋
印　刷……………………東港出版印刷
製　本……………………積信堂
編集協力…………………パブリカ商店
編集担当…………………伊東桃子
©2019 Naruhiko Takatsuji　　Printed in Japan　　ISBN 978-4-492-60229-4
　本書のコピー、スキャン、デジタル化等の無断複製は、著作権法上での例外である私的利用を除き禁じられています。本書を代行業者等の第三者に依頼してコピー、スキャンやデジタル化することは、たとえ個人や家庭内での利用であっても一切認められておりません。
　落丁・乱丁本はお取替えいたします。